KB121018

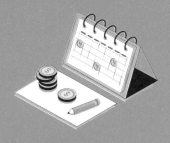

밍키언니의
돈 계획

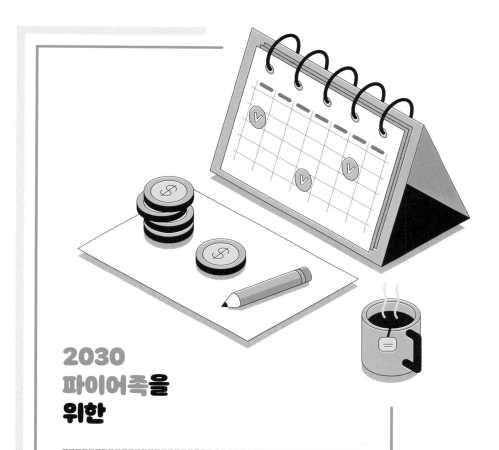

2030
파이어족을
위한

밍키언니의
돈 계획

밍키언니 지음

원앤원북스

돈을 모으는 데도
전략이 필요하다

가수 김광석의 〈어느 60대 노부부 이야기〉라는 노래를 아는 가? '세월은 그렇게 흘러 여기까지 왔는데 인생은 그렇게 흘러 황혼에 기우는데'라는 가사를 보면 1980~1990년대에는 60대를 '노인'으로 여겼음을 알 수 있다. 실제로 20~30년 전만 해도 평균수명이 73세 전후였기 때문에 60대는 인생의 마감을 준비하는 '황혼기'에 해당했다. 그러나 의학이 발전함에 따라 평균수명이 기하급수적으로 늘어나면서, 이제 60대는 인생을 절반정도밖에 살지 않은 한창의 나이로 평가받고 있다.

하지만 경제적인 측면에서 60대는 고비의 나이이다. 「고령자

「고용법」상 법정 정년은 만 60세 이상이지만 공기업, 사기업 할 것 없이 60세 전에 정년퇴직을 하는 경우가 많고, 심지어 55세 전후에 권고사직을 당하는 경우도 흔하다. 대학교를 졸업한 후 곧바로 취직에 성공해도 약 30~35년 정도 후에는 실직을 하게 되는 셈이다. 퇴직연령이 평균수명에 비해 너무 낮다 보니 퇴직자는 '준비되지 않은 창업'으로 내몰리게 된다. 다음은 〈머니투데이〉의 2021년 2월 28일 기사다.

> **최근 퇴직연령이 점차 낮아지며 창업을 꿈꾸는 '창업 준비생'이 늘어가고 있다. 취업 포털 잡코리아의 조사 결과에 따르면 '직장인이 예상하는 본인의 퇴직연령'은 법정 정년(60세)보다 10년 정도 이른 나이인 49.7세로 나타났다.**

기대 수명은 갈수록 늘어나는데 퇴직연령은 제자리걸음이다 보니, 경제활동을 한 기간보다 퇴직 후 버텨야 하는 기간이 훨씬 긴 아이러니한 상황이다. 정부에서 뒤늦게 65세로 정년 연장을 추진하고 있지만 연장된다고 해도 수입 공백기가 확 줄어드는 것은 아니다.

우리가 재테크에 힘써야 하는 이유가 여기에 있다. 퇴직 후 인생 2막을 안정적으로 살기 위해서라도 반드시 경제활동을 할 때 어느 정도 자산을 형성해놔야 한다. 부를 축적하기 위해서는 평소 '돈'에 관심을 갖고 절약을 실천해야 하는데, 절약만 한다고 부자가 될 수 있는 것은 아니다 보니 동기부여가 쉽지 않다. 하지만 절약을 하면 자연스럽게 돈에 대한 관심이 늘어나고, 나의 수입을 더 잘 관리할 수 있으며, 효과적으로 종잣돈을 모아 월세 수입과 같은 불로소득을 창출할 수 있다.

누구나 모을 수 있지만 아무나 모을 수 없는 돈. 재테크에 실패를 거듭하는 사람들을 보면 대개 지나치게 절약을 하려 하거나, 절약은 하지 않고 수입을 늘리는 데만 신경 쓰는 경우가 많다. 두 가지 경우 다 방향은 다르지만 기초공사를 하지 않고 건물을 짓는 것과 같다. 돈을 효율적으로 잘 모으고 부자가 되기 위해서는 기본적으로 절약을 하고, 저축률을 높이고, 투자를 통해 수입 증대를 노려야 한다.

그렇다면 절약을 열심히 하긴 하는데 돈이 잘 모이지 않는 사람은 이유가 무엇일까? 이는 '돈 계획'을 세우지 않았기 때문이다. 학창 시절, 방학을 앞두고 방학계획표를 작성한 경험이 있을 것이다. 그 당시 방학계획표를 꼼꼼하게 작성했든 아니든 '계획 세우기'는 어떤 의식처럼 우리에게 동기를 부여했다. 마찬가지로 구체적이든 그렇지 않든 누구나 좀 더 잘 살아보기 위해 인생계획이라는 걸 세운다. 이렇게 우리가 무언가 계획을 세우는 이유는 동기부여를 통해 목표를 좀 더 명확히 하고, 계획을 효과적으로 실천함으로써 목표에 보다 쉽고 빠르고 도달하기 위해서다. 돈 계획도 마찬가지다. 돈 계획을 세워야 거기서 전략도 나오고, 그 전략에 따라 목표 도달도 쉽고 빠르게 가능하다. 절약과 투자를 하긴 하는데 실제적으로 큰 효과가 없다면 돈 계획부터 점검해보기 바란다.

당신은 돈 계획을 세우고 목표를 이루고자 노력해본 경험이 있는가? 아마 쉽게 대답하기 어려울 것이다. 돈에 대한 고민을 해소하려 이 책을 집은 당신을 위해 앞으로 절약은 어떻게 하는지, 번 돈은 어떻게 지켜야 하는지, 지킨 돈은 어떻게 굴려야 하는지 여러 노하우를 소개하고자 한다. 이 책을 통해 돈 계획을 확실하게 세우고 성공적으로 종잣돈을 모아 투자를 시작하는 단계까지 발전하기를 진심으로 바란다.

밍키언니

이 책을 읽은
독자들의 반응

쿠쿠

이 책을 읽고 짠테크를 실천해 한 달 용돈 30만 원으로 3명의 식구가 3개월을 살았습니다. 덕분에 1년치 저축을 3개월 만에 달성했죠. 여러분도 이 책을 통해 성공적으로 목돈을 모으기 바랍니다.

멍뚱

이 책을 통해 2인 가구 저축률 80% 달성에 성공했습니다. 밍키언니 덕분에 풍족하게 소비하며 내 돈을 지키는 방법을 배웠어요. 밍키언니와 함께라면 돈 걱정 돈 워리! 절약과 저축의 기쁨을 느끼고, 차곡차곡 종잣돈을 모아 부자가 되기 위한 준비를 시작해봅시다.

명랑걸

돈 때문에 하고 싶은 일을 못 하고 계신가요? 그렇다면 밍키언니와 함께 슬기로운 재테크 생활을 시작해봅시다. 작은 실천으로 미래가 바뀔 수 있습니다.

꾸랭

생활비만 한 달에 평균 400만 원을 썼던 제가 밍키언니를 만난 이후 확 달라졌습니다. 생활비를 무려 1/4로 줄일 수 있었죠. 마음가짐을 바꾸니 예전처럼 불필요한 과소비는 자제하게 되더라고요.

우기

돈을 아껴서 저축은 하고 싶지만 방법은 모르겠고, 목돈을 어떻게 굴려야 할지 모르겠다면 이 책을 강력 추천합니다. 안 먹고 안 쓰는 짠돌이, 짠순이가 아닌 먹고 싶은 거 먹고, 사고 싶은 거 사면서도 충분히 돈을 모을 수 있습니다. 부자가 되는 그 날까지 모두 힘냅시다!

토토엄마

이 책을 읽고 효과적으로 저축률을 높일 수 있었어요!

이수

어떻게 지출구멍을 막아야 할지 헤매고 있을 때 밍키언니를 만났어요. 덕분에 매달 즐겁게 아끼고, 현명하게 소비하는 삶을 살고 있습니다.

무지개

통장에 잠깐 들어왔다 금방 사라지던 돈이 밍키언니를 만나고 차곡차곡 쌓이기 시작했습니다. 여러분도 마법과 같은 '목돈 만들기' 프로젝트에 함께해 보시기 바랍니다.

달콩봉봉

검소하지만 누추하지 않고, 화려하지만 사치스럽지 않게 재테크를 할 수 있는 방법이 있습니다. 밍키언니와 함께라면 즐겁고 행복한 짠돌이, 짠순이 생활을 할 수 있어요.

세주맘

과거에는 '절약'이 안 쓰고 안 먹으면 되는 거라고 단순하게 생각했어요. 그러다 어느 날 밍키언니를 만났고 현명하게 '잘 쓰고 잘 먹으며' 돈을 모으는 방법을 배웠습니다.

마이구미

'나름 아끼고 절약하며 사는 것 같은데 왜 돈이 모이지 않지?'라는 생각이 든다면 이 책을 추천합니다!

뽀꼬미

밍키언니를 따라 하면 내가 돈을 좇는 것이 아니라 돈이 나를 따라오는 경험을 하게 됩니다.

루미

밍키언니를 만나고 현명한 절약 노하우와 부수입 창출 비법을 배우게 되었어요. 이 책과 함께라면 자산도, 마음도 부자가 될 수 있습니다.

과일좋아

밍키언니 덕분에 가계부 속 지출구멍을 찾을 수 있었습니다. 생활비, 식비 등을 월 30만 원 이상 절약하고 부수입도 만들 수 있었죠.

소금인형

가장 현실적이고 실생활에 접목해 실천할 수 있는 재테크 방법을 배우고 싶다면 이 책을 추천합니다. 수입이 적어 저축이 어렵다거나, 생활비가 많이 나가 돈을 모을 수 없다는 건 핑계에 지나지 않아요. 누구나 쉽게 배울 수 있는 절약과 재테크의 기술이 궁금하다면 이 책에서 해답을 찾아보세요.

차례

PART 1 | 우리가 부자가 되지 못한 이유

PART 6

투자 없이는 부자도 없다 ②

PART 1

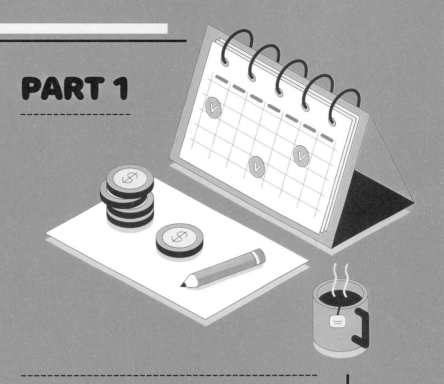

우리가 부자가
되지 못한 이유

"버는 것보다 적게 쓰는 법을 알면
현자의 돌을 가진 것과 같다."

_벤자민 프랭클린(Benjamin Franklin)

부자란
어떤 사람인가?

"부자란 어떤 사람이라고 생각하세요?"

　주변 사람들에게 이와 같은 질문을 하자 '30억 원 정도의 자산이 있는 사람' '건물주' '월소득 1천만 원 이상인 사람' 등의 답변이 많았다. 그럼 부자들이 생각하는 부자의 기준은 무엇일까? KB금융지주 경영연구소가 금융자산 10억 원 이상 보유자 400명을 대상으로 조사한 〈2020 한국 부자 보고서〉에 따르면, 자산이 100억 원 이상(26.5%) 있어야 부자라는 답변이 가장 많았고, 50억 원 이상(18.0%)과 30억 원 이상(9.3%)이 그 뒤를 따랐다.

이렇듯 흔히 '부자'에 대해 물으면 경제적인 면에 치중해 대답하는 경우가 많다. 그러나 우리는 '부자란 어떤 사람인가?'보다 '왜 부자가 되려고 하는가?'를 먼저 생각해야 한다. 우리가 부자가 되려는 이유는 바로 '행복'하기 위해서다. 돈이 있으면 하고 싶은 일을 할 수 있고, 먹고 싶은 것을 먹을 수 있고, 가고 싶은 곳에 갈 수 있다. 이처럼 행복에 한 걸음 가까이 다가가기 위해 우리는 부자를 꿈꾼다. 물론 돈이 많다고 무조건 행복한 것은 아니다. 하지만 돈이 충분하면 행복할 확률이 높아지는 것은 누구도 부인할 수 없는 사실이다.

✦✧✦

경제적 부자와
정서적 부자

필자는 부자를 경제적 부자, 정서적 부자 두 가지 모습으로 구분할 수 있다고 생각한다. 돈이 많은 사람은 경제적 부자, 마음이 풍족한 사람은 정서적 부자다. 이때 진정한 부자는 경제적인 측면과 정서적인 측면이 모두 부자인 사람이 아닐까? 어느 한쪽만 가진 부자는 반쪽짜리 부자에 불과하다고 생각한다. 돈

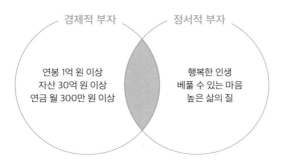

경제적 부자 vs. 정서적 부자

경제적 부자
연봉 1억 원 이상
자산 30억 원 이상
연금 월 300만 원 이상

정서적 부자
행복한 인생
베풀 수 있는 마음
높은 삶의 질

만 많다고 해서, 마음만 여유롭다고 해서 '진정한 부자'라고 생각하지는 않는다. 경제적 상황과 정서적 상황이 모두 여유롭게 충족된 사람이 진정한 부자다.

사람마다 '진정한 부자'에 대한 기준은 다를 수 있다. 그러니 진지하게 '내가 생각하는 부자란 어떤 사람인가?'에 대한 정의를 내려보기 바란다. 그래야 롤 모델도 명확하게 정할 수 있고, 부자로 가는 길도 순조롭게 계획할 수 있다. 필자가 생각하는 진정한 부자는 경제적 부자와 정서적 부자 사이의 교집합이다. 경제적 부자 집합에 떠오르는 항목을 쭉 적고, 그다음 정서적 부자 집합에 떠오는 항목을 쭉 적어보자. 이 항목들이 교집합을 이루는 모습이 바로 앞으로 우리가 추구해야 할 진정한 부자의 모습에 가깝다.

참고로 정서적 부자 집합에는 내가 부자가 되고 싶은 이유가 명확하게 반영되어야 한다. 단순히 '돈이 없는 것보다는 많은 게 좋으니까.' 하는 이유로 살면 돈의 노예가 되기 십상이다. 돈은 목적이 아닌 수단에 불과하다. 돈 자체가 목적이 되면 평생 돈에 끌려다니며 돈으로 살 수 없는 가치들을 놓치게 될 것이다.

당신이 생각하는
부자의 기준은?

필자의 경우 40대에 일찍 은퇴해 제2의 인생을 살고 싶은 마음에 부자를 꿈꿨다. 개인적으로는 가능한 한 오래 일을 하고 싶지만 필자가 가진 직업의 특성상 40대 중반이면 경쟁에서 밀려나 재취업을 하거나 은퇴를 하는 경우가 많았다. 그래서 '40대 은퇴'라는 현실적인 이유를 고려해 돈 계획을 세웠다. 또한 향후 남은 인생을 놀고먹는 데만 쓰지 않고 의미 있는 무언가를 시작하고 싶었다. 최소한 주머니 사정이 걸림돌이 되지 않도록 어느 정도 돈을 모으고, 노년에는 연금으로 경제적 안정을 갖추고 싶었다. 즉 제2의 인생을 준비하기에 부족함이 없는 자산, 남은 삶을 의미 있게 살고자 하는 마음, 높은 삶의 질 등이 필자가 추구하는 '진정한 부자'의 조건이다.

이런 식으로 내가 생각하는 '나만의 부자'를 머릿속에 떠올려보자. 이제 내가 진심으로 원하는 부자의 모습이 어떤 모습인지, 어떤 노력을 기울여야 되는지 감이 올 것이다. 목표 없이 항해를 시작할 수는 없다. 부자가 되고 싶다면 부자의 기준부터 명확히 정의하고 넘어가자.

진정한 부자는
마인드부터 다르다

돈이 삶의 전부는 아니지만 돈이 삶의 질을 높여주고 윤택한 삶을 사는 데 도움이 되는 것은 분명한 사실이다. 그렇기에 우리는 부자가 되고 싶어 한다. 그럼 과연 부자들은 어떻게 그 많은 돈을 모았을까? 투자를 잘해서? 운이 좋아서? 금수저라서? 물론 다 맞는 말이지만 기본적으로 부자들은 범인(凡人)과는 다른 마음가짐을 갖고 있다. 마인드의 차이가 행동의 차이로 이어지고, 이런 행동이 반복되어 습관이 형성되고, 작은 습관이 모여 미래가 바뀌는 것이다. 따라서 부자가 되고 싶다면 부자가 지닌 공통된 습관을 눈여겨볼 필요가 있다. 부자의 마인드는 단

순히 경제적인 측면만 해당되는 것이 아니라 삶을 대하는 자세
와도 연관이 있다.

✦✦✦
일곱 가지
부자 마인드

부자들의 습관과 태도인 '부자 마인드'를 일곱 가지로 압축
해 소개하고자 한다. 일곱 가지 부자 마인드 중 몇 개나 해당되
는지 체크해보자.

1. 경제 상황 파악

부자들은 자신의 경제 상황을 늘 정확히 파악하고 있다. 이
는 단순히 내 월급과 연봉이 얼마고, 카드값이 얼마인지를 아는
수준이 아니다. 부자들은 매월, 매 분기별, 매년 자신의 수입과
지출을 상세하게 파악하고 있다. 만일 누군가 "작년 한 해 동안
세후 월급은 얼마였으며, 보너스와 성과급을 더한 총수입은 얼
마였습니까?"라고 묻는다면 곧바로 대답할 수 있겠는가?

필자는 매월 1회 '종잣돈 모으기' 강연을 진행한다. 그때
마다 수강생들에게 매번 작년 한 해 세후 월급에 보너스와 성

과급을 더한 총 수입에 대해 묻는데, 그러면 수강생 100명 중 3~5명 정도만이 손을 든다. 이처럼 상세하게 자신의 수입과 지출을 파악하고 있는 사람은 생각보다 많지 않다.

수입과 지출의 흐름을 아는 것이 중요한 이유는 '경제 상황 파악'이 재테크의 기본이기 때문이다. 자신의 경제 상황을 파악하고 있다는 것은 지출, 실제 수입, 순자산, 총자산, 대출 등의 항목을 상세하게 인지하고 있다는 뜻이다. 내가 서 있는 위치가 어디인지를 알아야 길을 찾을 수 있듯이 재테크의 첫발을 떼려면 자신의 경제 상황부터 정확하고 세세하게 파악해야 한다.

스스로에게 질문을 던져보자. '나의 월 고정 지출은 얼마이며, 1년 동안 월급에 보너스와 성과급을 더한 총수입은 얼마인가?' 만약 대답할 수 없다면 일단 차근차근 작년 한 해 동안의 수입과 지출부터 파악하기 바란다.

2. 푼돈의 소중함

부자들은 과연 푼돈도 소중히 여길까? 2017년, 필자가 대신 증권에서 열린 투자세미나에 참석했을 때 듣게 된 재미난 일화가 있다. 미국의 한 매체가 유명 배우와 재벌을 대상으로 그들이 푼돈을 어떤 태도로 다루는지 알아보는 실험을 진행했다. 전산 오류로 계좌에서 1달러가 인출되었으니 은행에 직접 방문해 1달러를 찾아가라는 메시지를 보낸 것이다. 과연 어떤 실험 결과가 나왔을까? 정말 재미나게도 메시지를 받은 사람의 45% 정도가 직접 은행에 방문해 복잡한 서류 작성까지 마치고 1달러를 찾아갔다고 한다. 이 실험을 통해 우리는 단돈 1달러의 푼돈도 소중하게 생각하는 부자가 많다는 것을 알 수 있다.

푼돈을 소중히 여기는 사람이 과연 큰돈을 생각과 목적 없이 쓸 수 있을까? 아니다. 푼돈의 소중함을 아는 사람은 소비를 할 때도 계획적으로 하며 늘 절약한다. 그러나 처음부터 푼돈의 소중함을 아는 사람은 많지 않다. 영어 교육도 조기교육이 중요하듯이 경제 교육도 마찬가지다. 푼돈의 소중함을 알고 몸소 실천하시는 부모님을 보고 자랐다면 다행이지만, 그렇지 않았다면 스스로 푼돈의 소중함을 깨닫고 알아가야 한다.

필자 역시 푼돈의 소중함을 잘 몰랐다. 정확히는 돈 자체의 소중함을 모르는 사람이었다. 그러나 대학생 때 아버지의 사업이 어려워지면서 학비와 생활비를 직접 벌어야 했고, 학교를 다니며 아르바이트를 5개씩 병행해야 했다. 그때 받았던 첫 아르바이트비 20만 원이 어찌나 소중하던지. 직접 돈을 벌어보니 돈 벌기가 쉽지 않다는 것도 알게 되었고, 그때부터 푼돈의 소중함을 뼈저리게 느꼈다. 지금도 가끔 마음이 헤이해질 때면 20대 초반에 몸으로 체득했던 돈의 소중함을 되새기곤 한다.

당신은 1달러, 그러니까 우리 돈 1천 원과 같은 푼돈을 가치 있다고 생각하는가? 그리고 1천 원과 같이 작은 돈도 소중히 여기고 있는가? 스스로에게 질문을 던져보자. 만약 아직 푼돈의 소중함을 잘 모르겠다면 돈을 버는 과정이 얼마나 힘든지 상기해보자. 첫 월급을 받았을 때의 그 벅찬 기쁨을 다시 떠올려보는 것도 좋은 방법이다.

3. 계획적인 절약

세 번째 부자 마인드는 계획적인 절약이다. 푼돈의 소중함을 아는 사람은 돈을 허투루 쓰지 않기 때문에 자연스레 절약을 한다. 방탕하게 사는 경제적 부자도 있겠지만 유명한 부호는 대부분 절약하는 삶을 살고 있다. 세계에서 손꼽히는 부자 알리바바 마윈 회장의 용돈은 월 20만 원이라고 한다. 오마하의 현인 워런 버핏 역시 70년 동안 같은 아파트에 살며 한 자동차를 10년 가까이 탔다. 딸 수지 버핏이 자동차가 너무 오래되어서 창피하다고 불평하자, 한화 5천만 원짜리 자동차로 바꾸며 "자동차는 굴러가기만 하면 되지."라고 말했다는 일화는 유명하다. 페이스북의 창립자 마크 저커버그는 인터뷰에서 왜 매일 같은 옷만 입느냐는 질문을 받을 정도로 유명한 '단벌신사'다.

그런데 절약이라는 것이 참 어렵다. 돈을 너무 안 쓰면 구두

쇠 스크루지처럼 평판을 잃게 되고, 그렇다고 돈을 너무 많이 쓰면 경제적 부자가 될 수가 없다. 뭐든지 '적당히'와 '계획'이 참 중요한 것 같다. 그렇다면 절약에 있어서 '적당히'의 기준은 무엇일까? 바로 자신의 주변 상황에 맞게 돈 계획을 세우고, 이 돈 계획 내에서 소비하는 것이 적당한 절약이다.

예를 들어 필자의 한 지인은 한 달 용돈이 5만 원에 불과하다. 직장인인데 한 달 용돈이 고작 5만 원이라니. 아마 '어떻게 5만 원으로 한 달을 살지?' 의아할 것이다. 용돈 5만 원이 가능한 이유는 그가 회사 기숙사에서 생활해 교통비와 주거비가 들지 않고, 심지어 식비만 내면 하루 세 끼를 회사에서 다 제공하기 때문이다. 알뜰폰을 사용해 통신비를 아끼고, 외식도 일주일에 한 번 이상 하지 않는다. 용돈 5만 원은 오롯이 본인의 취미 활동을 위해 쓰인다고 한다. 물론 그가 처음부터 5만 원으로 생활했던 것은 아니었다. 처음에는 한 달에 40만 원 정도를 썼는데, 계획을 세우고 꾸준히 절약하는 습관을 기르다 보니 이제는 5만 원이면 충분해진 것이다.

혹시 '이 사람은 기숙사에 사니 가능한 거야.'라고 생각했는가? 환경은 사람마다 다 다르기 마련이고, 절약은 환경을 이용하고 근검절약을 실천하는 태도에 달려 있다. 실제로 똑같이 기숙사에 살아도 더 많은 돈을 지출하는 사람이 분명 있을 것이다. 절약이란 단순히 5만 원, 10만 원을 아끼는 게 아니다. 돈의 액수보다 중요한 것은 자신의 상황을 정확히 파악하고, 그 상황에 맞는 계획을 세우는 것이다. 기준을 정했다면 그 계획 안에서 가치 있게 소비하는 것이 절약의 첫걸음이다.

4. 성실, 반성 그리고 노력

우리는 성실을 최고의 미덕으로 생각하곤 한다. 왜 성실한 사람이 되어야 할까? 성실(誠實)은 '정성을 들여 열매를 맺는다.'라는 뜻으로, 정성을 들여 맺은 열매는 그렇지 않은 열매보다 더 가치 있고 더 좋은 결과를 이끌어낸다는 의미가 담겨 있다. 그래서인지 자수성가형 부자 중에 성실하지 않은 사람은 찾아보기 힘들다. 비단 성실은 한국에서만 강조하는 덕목이 아니다. 서양에는 '성실은 세계에서 통용되는 단 하나의 화폐다.'라는 속담이 있다. 미국의 문학가 제임스 로웰은 "성실하지 못한 사람은 위대한 것을 생산할 수 없다."라는 말을 하기도 했다.

성실과 함께 강조되는 덕목은 '반성하는 자세'다. 인간은 누구나 부족한 점이 있다. 하지만 자신의 부족한 점을 알고도 방치하는 사람과 그것을 깊이 인지하고 반성하는 사람 간에는 큰 차이가 있다. 전자는 발전 없이 제자리에 머물러 있을 확률이 높지만 후자는 부족함을 개선하고자 노력할 가능성이 크기 때문이다. 경제적인 부분에서 보자면 부자는 자신의 소비와 경제활동을 점검하고 반성하며 더 발전하고자 노력한다. 물론 '반성하는 자세'는 단순히 경제적인 측면이 아니라 인생 전반을 대하는 태도를 뜻한다.

우리는 모두 부자가 되고 싶어 한다. 하지만 부자가 아닌 현실을 방관하며 한탄만 하면 부자가 될 수 없다. 반성하고 더 나은 경제 상황을 만들고자 열심히 노력하는 사람만이 부자가 될 수 있다. 성실한 자세로 경제활동을 하고, 반성과 노력하는 자세를 잃지 않는다면 분명 오늘보다 나은 미래를 만들 수 있을 것이다.

5. 긍정적인 사고

인간은 유전학적으로 긍정적인 생각보다 부정적인 생각을 더 많이 한다고 한다. 캘리포니아대학교 신경영상정보연구소에 따르면 우리는 하루에 최대 7만 가지의 생각을 하는데, 그중 약 80% 이상이 부정적이고 제한적인 생각이라고 한다. 이러한 부정적인 생각이 마음에 자리를 잡고 점점 커지면 심리적 고통이 커지고, 불면증과 우울증에 시달리기도 한다. 반면 부정적인 생각을 떨쳐내고 나오면, 그러니까 긍정적인 사고를 통해 나쁜 감정을 몰아내면 활력을 얻을 수 있다. 그래서일까? 부자는 대부분 긍정적인 생각을 더 많이 한다. 웃으면 복이 온다는 선조들의 말이 괜히 나온 것이 아닌가 보다.

우리나라는 특히 '돈'에 있어서 부정적인 생각을 가진 사람이 너무 많은 것 같다. 부정적인 생각은 스트레스와 연결되기 때문에 추진력과 의욕을 떨어트릴 수 있다. 부정적인 마음이 커지면 경제적인 부분뿐만 아니라 무슨 일이든 시작하기가 어려워진다. 하지만 노력해서 안 되는 일은 없다. 긍정의 원동력으로 눈앞에 닥친 문제를 좀 더 슬기롭게 해결해나가기 바란다.

6. 부자 멘티와 부자 멘토

사람은 누구나 환경의 영향을 받는다. 주변에 있는 사람이 자주 담배를 피면 나 역시 담배를 피우게 될 가능성이 높고, 직접 담배를 피우지 않더라도 간접흡연에 노출되어 건강을 해치게 될 수 있다. 마찬가지로 무분별하게 소비를 많이 하는 일명 '소비요정' 친구가 주변에 많다면 나 역시 소비요정이 될 확률이 높아질 것이다. 그렇다면 거꾸로 주변에 부자가 되고자 노력하는 친구가 많다면 어떻게 될까? 나 역시 긍정적인 영향을 받아 돈에 더 관심을 갖고, 부자가 되고자 노력하게 될 것이다. 그래서인지 부자들 주변에는 부자 친구가 많다.

필자는 경제적 부자가 되기 위해 서로 좋은 영향을 주고받는 부자 친구를 '부자멘티'라고 부른다. 만일 주변에 부자멘티가 없다면 부자가 되고자 노력하고, 절약하고자 노력하는 사람들이 모여 있는 카페나 동네 커뮤니티에 가입하는 것도 한 방법이다. 가장 좋은 방법은 친한 친구와 함께 경제적 부분에 관심을 키워가는 것이다. 만약 기혼이라면 배우자가 가장 좋은 부자멘티가 될 것이다. 처음에는 배우자와 의견이 안 맞아서 티격태격할지도 모르지만 서로 충분한 대화를 통해 의견을 절충하고 수렴한다면 이 세상에 둘도 없는 가장 든든한 부자멘티를 얻게 될 것이다.

　부자들에게 부자멘티만 있는 것은 아니다. 공자에게도 항탁이라는 스승이 있었듯이 부자들에게도 스승, 즉 멘토가 있다. 부자들의 스승 부자멘토는 경제적인 고민과 문제를 해결하는 데 조언을 주는 사람으로, 부자멘티와 더불어 부자가 될 수 있는 환경을 조성하는 데 큰 역할을 한다. 우리도 한번 부자멘토를 찾아보자. 생각보다 그리 어렵지 않다. 내가 생각하는 부자의 교집합에 해당하는 인물을 찾아 롤 모델로 삼으면 된다. 단순히 자산이 많다고 롤 모델로 삼아서는 안 된다. 부자멘토가 자산을 형성하기까지 어떤 문제와 시행착오를 겪었는지도 함께 고려해야 한다.

7. 배움을 얻고자 하는 자세

세상에는 돈을 버는 방법도, 돈을 불리는 방법도 참 많다. 하지만 현실적으로 세상에 존재하는 모든 재테크 방법을 다 활용하기란 불가능에 가깝다. 넘어져봐야 일어나는 법을 터득하듯이 손실의 경험이 있어야 대처 방법도 배울 수 있다. 물론 대처 방법을 배우겠다고 일부러 손실을 경험하는 사람은 없을 것이다. 그래서 부자들은 다른 사람의 재테크 방법을 분석하고, 그 분석을 통해 자신이라면 어떻게 할지 떠올리며 간접적으로 경험을 쌓는다. 즉 타인의 재테크 방법과 상황을 분석하는 과정에서 배움을 얻어 그것을 자신만의 노하우로 흡수하는 것이다. 타인의 재테크 경험을 간접적으로 체득하면 일일이 시행착오를 겪는 수고를 줄일 수 있다. 또한 자신의 성향과 맞지 않은 방법을 미리 걸러낼 수 있어 좋다.

이로써 일곱 가지 부자 마인드를 살펴봤다. 부자 마인드가 단순히 '돈'을 대하는 태도가 아니라 '삶'을 대하는 태도란 것을 깨달았을 것이다. 마인드셋을 통해 경제적인 부분과 정서적인 부분이 모두 갖춰진 진정한 부자가 되기를 바란다.

돈을 좋아해야
부자가 될 수 있다

누구나 부자가 되고 싶어 하지만 정작 돈을 진심으로 좋아하고 관심을 갖는 사람은 드물다. 또 돈에 대한 관심을 드러내기 꺼리는 경우도 많다. 왜냐하면 유교 문화의 영향으로 돈에 대해 이야기하는 것을 부끄럽게 여기는 사회적 인식이 아직까지 우리 사회에 남아 있기 때문이다. 그래서 우리는 어렸을 때부터 돈에 대해 적극적으로 배우지 못했다. 투자의 귀재 워런 버핏은 자신의 부가 부모님의 경제 교육을 통해 얻어진 것이라고 단언한다. 그는 CNBC와의 인터뷰를 통해 아버지의 경제 교육이 자신의 '사업적 영감의 원천'이라고 밝히며, 부모가 자녀에게 경제 교육을 할 때 저지르는 가장 큰 실수가 '자녀가 10대가 될 때까지 돈에 대한 이야기를 미루는 것'이라고 강조했다. 돈에 대해 부끄럽게 생각하는 한국의 문화에 대한 굉장한 일침이 아닐 수 없다. 왜 워런 버핏은 이런 말을 했을까? 가장 부유한 인종이라 불리는 유대인의 경제 교육 방법을 살펴보면 그 이유를 알 수 있다.

유대인이
부유한 이유

유대인은 돈에 대해 이야기하는 것을 부끄럽게 여기지 않는다. 실제로 일상적으로 부모와 자녀가 밥을 먹으면서 경제 이야기를 주고받는다고 한다. 그리고 13세 때는 성인식 개념으로 친척들이 십시일반 모은 돈을 주며 본격적인 경제활동과 투자를 경험하게 한다. 자녀들은 13세 때 받은 돈을 바탕으로 자유롭게 재테크와 투자를 경험하게 되고, 20세 때는 평균 4억 원 이상의 종잣돈을 갖고 사회에 나간다고 한다.

우리나라도 물론 세뱃돈과 같이 친척들이 돈을 주는 문화가 있다. 하지만 여기서 핵심은 어렸을 때부터 일상에서 부모와 자녀가 돈 이야기를 나누지 않는다는 데 있다. 경제 교육을 시키

2020년 전 국민 금융이해력 조사 결과

(단위: 점)

29세 이하	64.7
30대	69.2
40대	69.8
50대	68.5
60대	65.8
70대	56.9

* 전체 평균은 66.8점, OECD가 제시한 최소 목표 점수는 66.7점

자료: 한국은행, 금융감독원

지 않고, 경제활동을 장려하지 않으면 국영수사과를 아무리 잘
해도 '경제 분야'에서는 바보일 수밖에 없다. 실제로 한국은행
과 금융감독원의 조사에 따르면 20대 청년층의 금융이해력이
OECD가 정한 최소 수준에도 미치지 못하는 것으로 나타났다.
2020년 기준 29세 이하 청년층의 금융이해력은 64.7점으로
60대(65.8점)보다 낮았다. 이 조사에 따르면 청년 10명 중 3명
은 저축보다 당장 돈을 쓰는 것을 만족스럽게 여겼다고 한다.
경제 교육을 소홀히 해온 한국의 실태가 그대로 드러난 결과다.

유대인이 세계적으로 가장 부유한 인종인 이유는 어렸을 때

부터 받은 경제 교육을 바탕으로 13세부터 20세까지 7년간 직접 몸으로 부딪혀 경제활동을 해보기 때문이다. 20세 때부터 재테크와 투자에 대해 주먹구구식으로 배우는 우리와 수준이 다를 수밖에 없다. 제대로 교육도 못 받았는데 '이제 성인이니 재테크를 해볼까?' 하는 가벼운 마음으로 돈 관리를 하니 실패를 거듭하게 된다.

그렇다면 이미 경제 교육을 받지 못한 채 성인이 된 우리는 어떻게 해야 하는 걸까? 늦었지만 지금부터라도 돈에 대해 부끄럽게 여기지 말고 관심을 기울여야 한다. 돈도 자신을 싫어하고 관심 없는 사람보다는 자신에게 관심 있고 좋아하는 사람에게 붙는 법이다. 돈을 모으고 굴리고 투자하는 사람을 부정적으로 바라보면서 스스로 부자가 되기를 바라는 것만큼 아이러니한 게 없다.

요즘은 관련 카페나 커뮤니티가 활성화되어 있어서 조금만 부지런하면 다양한 정보를 쉽게 얻을 수 있다. 그런데 이런 정보를 보면 댓글의 대부분이 부정적인 악플인 경우가 많다. 예전에 필자의 글이 네이버 메인에 소개된 적이 있는데 차마 다 못 읽을 만큼 부정적이고 마음 아픈 댓글이 많았다. 과연 그들이 돈에 관심을 쏟지 않아도 될 만큼 부자라서 돈에 대해 부정적인 인식을 갖게 된 것일까? 아마도 돈과 관련된 긍정적인 경험을 해보지 못했기 때문에 부정적인 마음을 갖게 되었을 것이다. 이 책을 읽는 독자 여러분은 부디 긍정적인 자세로, 열린 마음으로 돈을 공부하고 사랑했으면 좋겠다.

푼돈은 어떻게
목돈이 되는가

　'티끌 모아 태산'이라는 말을 있다. 아무리 작은 것도 모이고 모이면 태산처럼 큰 것이 된다는 공자의 명언이다. 이 명언은 재테크에도 적용되는데, 알뜰살뜰하게 푼돈을 모아 저축을 반복하면 어느새 태산처럼 큰 목돈이 생기기 때문이다. 그러나 요즘에는 '푼돈은 모아도 푼돈 아니야?' 하는 생각이 팽배한 것 같다. 물론 목돈을 만든다고 부자가 되는 것은 아니다. 하지만 마련한 목돈이 부자로 가는 발판이 된다는 것은 확실하다.

　푼돈을 모아 목돈을 만드는 과정은 당연히 힘들다. 먹고 싶은 것도 참아야 하고, 사고 싶은 것도 참아야 한다. 필자는 목돈

을 만드는 과정이 힘들면 힘들수록 좋다고 생각한다. 왜냐하면
그 과정이 고단해야 함부로 목돈을 깨지 않고 푼돈도 허투루 관
리하지 않기 때문이다. 쉽게 번 돈은 쉽게 쓰는 법이다. 푼돈을
모아 목돈을 만드는 과정은 많은 노력이 필요한 매우 힘든 과정
이지만, 부자가 되기 위해서는 이런 경험이 꼭 필요하다.

億
억 억
=
亻 + 立 + 日 + 心
사람 인   설 립   날 일   마음 심

목돈의 최고봉이라 여겨지는 1억 원의 한자풀이를 해보자.
'억 억(億)'은 '사람 인(亻)' '설 립(立)' '날 일(日)' '마음 심(心)'이
모아져 만든 한자다. 즉 매일매일 사람이 마음을 먹어야 얻을
수 있는 것이 '억'이라는 뜻이다. 그렇다면 어떤 방식으로 노력
해야 100원, 1천 원과 같은 푼돈을 모아 1억 원이라는 목돈을
만들 수 있을까? 단도직입적으로 말하면 절약만이 해답이다.
재테크의 첫걸음은 바로 절약이다.

절약은
기본이다

절약을 한다고 부자가 되는 것은 아니지만 절약이 기본이 되지 않으면 절대 목돈을 만들 수 없다. 목돈이 없으면 제대로 된 투자도 할 수 없고, 투자를 못 하면 부자가 될 수 없다. 우리는 앞서 마윈, 워런 버핏, 마크 저커버그의 사례를 통해 부자들의 근검절약하는 모습을 보았다. 부자들이 아낀 것은 돈뿐만이 아니다. 그들은 시간을 귀하게 여긴다. 자동차를 쇼핑할 시간에, 옷을 뭘 입을지 고민할 시간에 좀 더 값진 일을 한다. 세계적인 부호조차 절약을 하는데 우리처럼 평범한 사람이 부자가 되기 위해서는 더더욱 절약하는 자세를 가져야 한다.

절약은 푼돈을 목돈으로 만드는 기적으로 이어진다. 누구나 할 수 있지만 쉬운 일은 아니다. 사람에 따라 남들보다 배로 더 힘들 수 있다. 필자도 과거에는 하고 싶은 것, 먹고 싶은 것, 사고 싶은 것에 굉장히 약했다. 그래서 처음에는 절약이 너무 어려웠다. 하지만 생각을 고치자 절약이 금세 쉬워졌다.

필자가 절약을 한 이유는 세 가지다. 첫 번째, 환경을 위해서다. 절약을 하면 필요 없는 물품이나 음식을 소비하고 버리지 않게 되어 저절로 환경에 도움이 된다. 두 번째, 절약을 하면 군것질거리와도 멀어져 건강에 도움이 된다. 세 번째, 자연스레 미니멀리즘을 실천할 수 있어 보다 깔끔한 환경을 유지할 수 있다. 절약을 통해 돈도 모으고 부수적으로 여러 장점까지 따라온다고 생각하니 돈 아끼기가 더욱 즐거워졌다.

사실 여러 이유를 갖다 붙이지 않더라도 절약한 푼돈이 목돈이 되는 즐거움, 목돈이 투자로 쓰이는 즐거움을 경험하면 저절로 절약의 재미에 푹 빠지게 된다. 물론 절약도 노하우가 있다. 단순히 돈을 안 쓰고 모으기만 하는 것은 매우 힘들다. 현명하게 쓸 때는 쓰고, 잘 먹으면서 절약할 수 있는 방법은 많다. 절약 노하우에 대한 부분은 후술하겠다.

TIP

재테크
기본용어

푼돈을 목돈으로 모으기 위해서는 기본적인 재테크 용어와 원리를 이해할 필요가 있다. 관련 지식을 모르는 상태에서 무작정 돈을 모으기보다는 용어와 원리부터 이해하는 편이 훨씬 효율적이다. 많이 알 필요도 없다. 지금은 딱 열 여섯 단어만 알고 가자.

1. 금리

금리는 일정 기간에 대한 이자를 말한다. 금리의 높낮음은 저축과 대출에 영향을 미친다. 금리가 높아지면 은행에 저축을 많이 해놓은 사람은 이자 소득이 늘어나고, 반대로 대출이 많은 사람은 대출 이자가 늘어난다.

2. 적금

적금은 약속 기간 동안 주기적으로 일정 금액을 넣고, 약속된 기간이 끝나면 만기 저축금과 만기 이자를 수령하는 금융상품이다. 적금에는 매월 같은 금액을 저축하는 정액적립식 적금과 돈이 생길 때마다 저축할 수 있는 자유적립식 적금이 있다.

3. 예금

예금은 약속된 기간 동안 목돈을 예치하는 금융상품으로, 통상 매월 금액을 납입하는 적금보다는 금리가 낮다. 크게 요구불예금과 저축성예금으로 구분된다.

4. CMA

CMA는 종합금융회사의 통장에 돈을 저축해놓으면 시중보다 높은 금리를 얻을 수 있는 상품으로, 은행처럼 수시 입출금이 가능하지만 은행과 달리 매일 이자가 붙는다. 금융회사는 고객에게 예탁받은 돈을 채권과 같은 안전자산에 투자해 은행의 일반 통장보다 높은 이자를 제공한다. CMA에는 네 가지 종류가

CMA의 종류			
구분	운용 대상	예금자 보호	금리
RP형	국공채, 회사채	×	확정금리
MMK형	국공채, 회사채	×	변동금리
MMW형	단기채권, 어음	×	변동금리
종금형	종합금융회사 발행어음	×	확정금리

있는데, 그중 RP형은 예금자 보호는 안 되지만 확정금리를 제공한다는 장점이 있어 잠깐 돈을 예치할 때 가장 많이 이용되는 상품이다.

5. 거치식 투자

한 번에 많은 돈을 투자해 수익이 나기를 기다리는 방법을 뜻한다.

6. 적립식 투자

일정 기간마다 조금씩 여러 번 돈을 투자해 쌓아나가는 방법을 뜻한다.

7. 채권

정부, 공공단체, 주식회사 등에서 자금을 필요로 할 때 발행하는 일종의 차용증서다. 발행 시점에 상환 기한과 이자가 확정 명시되어 있어 상대적으로 안전하다.

8. 고정금리부채권

채권 발행 시 이자율이 고정되어 만기 때까지 유지되는 회사채, 국공채 등을 말한다.

9. 변동금리부채권

변동금리부채권은 고정금리부채권과 달리 지급이자율이 실세 금리에 따라 변한다.

10. 신주인수권부사채

신주인수권부사채란 신주인수권으로 발행회사의 주식을 매입할 수 있는 권리가 부여된 채권이다.

11. 펀드

다수의 투자자로부터 자금을 모아 주식이나 채권 등에 투자해 얻은 수익을 배당하는 금융상품이다.

12. 채권형펀드

국공채, 회사채, 기업어음 등 신탁재산의 60% 이상을 채권 중심으로 투자하는 펀드를 말한다.

13. 주식형펀드

주식 및 주식 관련 파생상품에 신탁재산의 60% 이상을 투자하는 펀드를 말한다.

14. 혼합형펀드

주식 및 주식 관련 파생상품에 신탁재산의 60% 이하로 투자하는 펀드를 말한다. 어느 정도 안정성과 수익성을 동시에 추구한다.

15. 상장지수펀드(ETF)

상장지수펀드(ETF)란 10개 종목 이상의 주식을 묶어 하나의 지수를 만들고, 이를 증권거래소에서 하나의 종목으로 매매하는 것을 말한다. 포토폴리오를 구성하기 어려운 초보 투자자에게 적절한 상품이다.

16. 해외 뮤추얼펀드

외국 자산운용사가 운용하는 상품이다. 국내 투자자로부터 자금을 모아 해외 시장의 상장주식, 국공채, 회사채 등에 투자하는 개방형 뮤추얼펀드를 말한다.

PART 2

절약에도
방법이 있다

"돈이 수중에 들어오기 전까진
절대로 쓰지 마라."

_토마스 제퍼슨(Thomas Jefferson)

무조건 절약하면
'절약요요'가 온다

　돈을 모으기 위해 너무 과하게 허리띠를 졸라매면 '절약요요'가 올 수 있다. 절약요요란 다이어트 전보다 몸무게가 더 올라가는 다이어트의 요요 현상처럼 지출 심리가 폭발해 이전보다 더 큰 소비를 하는 상황을 뜻한다. 절약요요가 발생하는 가장 큰 이유는 자신의 감정을 단속하지 못하기 때문이다. 평소에 절약, 저축을 잘하다가 갑자기 큰 스트레스를 받으면 백화점에 가서 쇼핑을 하는 등 계획에 없는 지출을 하는 경우가 이에 해당한다.

　그럼 절약요요를 예방하려면 어떻게 해야 할까? 해결 방법은 간단하다. '즐기는 마음'을 갖는 것이다. 싫어하는 일을 억지로 하는 것만큼 괴로운 일은 없다. 절약도 마찬가지다. 스트레스를 받지 않고 절약이 재미있고 즐거워야 절약요요를 예방할 수 있다. 물론 가끔은 스트레스를 받을 때가 있을 것이다. 그럴 땐 스트레스를 해소할 수 있는 자신만의 방법을 찾아야 한다. 예를 들어 필자의 경우 절약 스트레스를 줄이기 위해 꾸준히 스스로에게 보상을 해주는 편이다. 카페에 가서 나만의 시간을 보내거나, 아이쇼핑을 하거나, 독서를 하는 등 방법은 사람마다 다 다를 것이다.

✢✦✢

적절한 보상으로
스트레스를 풀자

절약 스트레스를 해소하는 방법은 '내가 가장 행복했을 때는 언제인가?'를 생각해보면 금방 찾을 수 있다. 필자는 예쁜 카페에서 커피를 마실 때 매우 큰 행복을 느낀다. 그래서 절약 스트레스가 쌓일 때면 카페에 가서 시간을 보내곤 한다. 게임을 좋아하는 필자의 한 지인은 한 달에 한 번씩 열심히 산 자신을 위해 1만 원 내외로 게임 아이템을 결제한다고 한다. 이처럼 열심히 절약 생활을 한 '나'를 주기적으로 달래주고 챙긴다면 절약 스트레스, 절약요요 없이 꾸준히 절약하는 삶을 살 수 있다. 무슨 일이든 당근과 채찍은 어느 정도 필요하다. 너무 당근을 남용하거나, 스스로를 과하게 채찍질해서는 안 되지만 적절하게 당근과 채찍을 섞으면 효율적으로 목표를 달성할 수 있다.

주의해야 할 부분은 너무 당근을 남발해서는 안 된다는 것이다. 절약 스트레스를 해소하겠다고 예산보다 더 큰 금액을 써서는 안 된다. 사소한 커피값도 쌓이고 쌓이면 큰 지출이 된다. 미국의 자산관리 전문가 데이비드 바흐는『자동으로 백만장자 되기』란 책에서 "매일 카페라테 한 잔 값을 아끼면 훗날 기대 이상의 목돈을 마련할 수 있다."라며 지갑에서 새어나가는 작은 소비를 아껴야 큰 자산을 만들 수 있다고 주장했다. 이것이 바로 그 유명한 '카페라테 효과'다.

'커피 한 잔 가지고 너무 유난 아니야?'라고 반문할지 모르지만 계산기를 두드려보면 참 놀랍다. 여기에 그 돈을 투자에 활용한다고 가정하면 액수의 규모는 훨씬 커진다. 바흐는 5달러 카페라테를 일주일 동안 마시지 않으면 일주일에 35달러, 1년에 1,885달러, 10년에 3만 727달러를 아낄 수 있다고 강조했다. 참고로 바흐는 여기에 11%의 수익률을 적용해서 계산했는데, 그러자 40년 후엔 무려 100만 달러가 넘는 은퇴자금이

카페라테 효과		
스타벅스 카페라테 그란데 사이즈 한 잔		5,100원
1년간 매일 마시는 경우		186만 1,500원
40년간 매일 마시는 경우		7,446만 원
40년간 매일 마신 비용에 코스피 평균 수익률(8.23%)을 적용하는 경우		5억 5,457만 원

마련되었다.

보상의 정도는 단지 절약 스트레스를 살짝 눌러주는 정도가 적당하다. 지나친 보상은 소비에 대한 갈증만 더 키울 수 있다. 소비가 아닌 다른 방식으로 절약 스트레스를 풀면 좋겠지만, 그런 사람은 극히 드물기 때문에 어느 정도 액수를 미리 정해둬야 한다.

절약도 단계별로
해야 한다

다이어트를 해본 경험이 있는가? 살은 한 번에 빠지는 게 아니라 하행계단처럼 단계별로 빠진다. 예를 들어 10kg를 감량한 사람의 체중 증감을 분석해보면 한 달간 3kg가 빠지면 정체기를 2주간 겪고, 정체기를 이겨내면 다시 3kg가 빠지는 식으로 몸무게가 감량된다. 이 정체기를 이겨내지 못하고 다이어트를 중도에 포기하면 요요 현상이 찾아와 몸무게가 제자리로 돌아오게 된다.

절약도 똑같다. 절약을 위해 지출 감량을 시도하면 정체기에 해당하는 유지기가 오고, 이 유지기를 견디지 못하면 절약요요가 발생한다. 처음부터 너무 많이 절약하려고 하면 작심삼일이 되기 쉽다. 일정 금액씩 절약해나가는 방식으로 유지기를 거쳐야 이후 더 큰 금액을 절약할 수 있다. 예를 들어 생활비에서 10만 원 정도를 3~6개월 정도 절약했다면 그다음에는 20만 원을, 그다음에는 30만 원을, 그다음에는 50만 원을 아끼는 식으로 단계별로 점차 절약액을 늘려가는 것이다.

한 번에 많은 돈을
절약할 수는 없다

절약을 실천하면 첫 달은 많이 힘들겠지만 일단 3~6개월만 견뎌보자. 인간은 적응의 동물이기 때문에 유지기를 견딘 다음부터는 그다지 힘들지 않을 것이다. 그러면 이제 절약액을 좀 더 높여 다시 유지기를 견디는 식으로 단계별로 나아가면 된다. 이렇게 한 번에 많은 금액을 저축하는 것이 아니라 점차 단계별로 저축을 하면 비교적 절약이 쉽다.

참고로 과거에는 필자도 카드값이 400만~500만 원씩 나올 만큼 돈에 대해 무지했던 시절이 있었다(신용불량자가 될 뻔한 위기도 여럿 있었다). 그러나 절약을 결심하고 독하게 실천하면서 현재는 5년 넘게 매달 카드값이 10만원 내외로 나오고 있다. 물론 중간에 잠깐 절약요요가 와서 흔들렸던 적도 있지만, 그때마다 스스로를 다독이며 계단을 밟고 올라가듯 차근차근 저축액을 늘렸다. 만약 필자가 카드값 400만~500만 원을 한 번에 10만 원으로 줄였다면 지금까지 유지하지 못했을 것이다.

처음부터 100만 원, 200만 원씩 큰 규모로 지출을 줄이지 말고 감당 가능한 수준에서 조금씩 줄이기 바란다. 세부 목표를 차근차근 달성하는 기쁨도 누리고, 적응할 수 있는 시간적 여유도 넉넉히 확보하면 어렵지 않게 절약을 이어나갈 수 있다. 하지만 몸무게 감량에도 한계가 있듯이 절약도 일정 단계 이상 실행할 수는 없다. 나의 사정과 환경에 맞게 어느 정도까지 줄였다면 이제는 유지가 더 중요해진다. 다이어트도 감량보다 유지가 더 중요하듯이 절약도 꾸준함이 훨씬 더 중요하다. 절약이 아예 습관화되면 중간에 지출을 몇 번 한다고 해서 절약요요가 오지 않을 것이다. 그러한 경지까지 올라서야 성공이라고 볼 수 있다.

소비를 줄이는
가계부의 힘

흔히 돈을 모으려면 가계부를 써야 하고, 가계부를 꼼꼼히 관리해야 새는 돈을 막을 수 있다고 이야기한다. 그러나 정작 가계부를 어떻게 써야 할지 모르거나, 가계부가 재테크에 도움이 되지 않는다는 사람이 많다. 실제로 필자의 주변에서도 가계부의 효용성에 대해 의구심을 품는 경우가 많았다. 왜 그런 것일까? 그 이유는 지출을 기록만 했지 지출의 결산과 분석을 통해 예산을 짜는 작업을 수행하지 않았기 때문이다.

가계부는 단순히 작성하는 것이 목적이 아니라 결산을 하고, 결산을 분석해 예산을 편성하는 데 의미가 있다. 그런데 다들 가계부를 기록장으로만 사용하니 효과를 보지 못하는 것이다. 따라서 가계부를 작성하는 방식보다는 작성한 가계부를 분석하고 예산을 편성하는 작업에 더 집중해야 한다(가계부를 예쁘고 화려하게 꾸미는 것은 아무런 의미가 없다).

✦✦✦

나에게 맞는
가계부는?

물론 알뜰하게 잘 소비하고 있다면 굳이 가계부를 쓰지 않아도 된다. 과소비의 기준은 사람마다 다르지만 과소비지수를 통해 과소비 여부를 가늠할 수 있다.

과소비지수 = (월평균 수입 − 월평균 저축)/월평균 수입

과소비지수란 월평균 수입에서 월평균 지출이 차지하는 비중을 뜻한다. 사람마다 처한 환경과 상황이 달라 과소비지수가 몇이어야 한다는 정확한 기준은 없지만, 보통 사회초년생의 경우 0.5 언저리가 좋다. 대략적으로 과소비지수의 기준을 제시하면 다음과 같다.

1.0=심각한 과소비

0.7=과소비

0.6=적정 소비

0.5=알뜰 소비

만일 과소비지수가 '심각한 과소비' '과소비'에 해당한다면 가계부를 꼭 작성하는 것이 좋다. '적정 소비'에 해당하더라도 '알뜰 소비' 이상이 목표라면 가계부가 큰 도움이 될 것이다.

방법을 모르고 가계부를 작성하면 작심삼일이 되기 쉽다. 자꾸 작심삼일을 반복하게 된다면 작성하고 있는 가계부가 나에게 맞지 않는 가계부일 가능성도 있다. 가계부의 종류와 장단점을 비교해보고 나에게 맞는 가계부를 찾아보자.

일단 가계부는 크게 수기가계부, 엑셀가계부, 앱가계부 세가지 종류가 있다. 수기가계부는 직접 손으로 작성하면서 지출을 그때그때 분석하고 반성할 수 있다는 장점이 있다. 컴퓨터나 스마트폰 사용이 쉽지 않은 사람에게 좋은 방법이다. 반면 휴대성이 떨어지고 계산 오류의 가능성이 크다는 단점이 있다. 또 지출구멍을 파악하는 등의 분석이 용이하지 않다. 엑셀가계부는 휴대성이 좋고 지출과 수입, 그리고 분석까지 모두 정확하게 할수 있다는 장점이 있다. 단점으로는 엑셀을 잘 다루지 못하는 사람에게는 매우 어려울 수 있다. 앱가계부는 휴대폰 문자와 연동되어 편하게 지출을 기록할 수 있다는 점과 지출과 수입 등의 분석을 그래프로 깔끔하게 볼 수 있다는 장점이 있다. 하지만 치명적인 단점이 있는데 바로 문자를 일일이 정리하기 귀찮아서 관리를 안 하는 경우가 많다는 것이다. 앱가계부는 그때그때 정리하지 않으면 지출기록장으로 변질될 가능성이 아주 크다.

주변에서 돈 관리를 좀 한다는 사람들의 공통점은 수기가계부와 앱가계부 또는 엑셀가계부를 동시에 사용하는 경우가 많다는 점이다. 수기가계부를 적으면서 앱가계부나 엑셀가계부 중 편한 쪽을 선택해 병행하면 효율이 좋다. 실제로 필자도 이런 방법으로 가계부를 5년간 작성하고 있다. 2개의 가계부를 작성해야 하는 번거로움은 있지만 가계부에 소요되는 시간은 하루 10분에 불과하다.

✧✦✧

핵심은
지출 항목

가계부에서 가장 중요한 부분은 지출 항목이다. 지출 항목은 크게 고정지출과 변동지출로 나뉜다. 일반적으로 고정지출

고정지출과 변동지출 예시	
고정지출 사례	변동지출 사례
·대출 이자와 원금 ·주택 관련 지출(임대료, 관리비 등) ·교육비, 양육비 ·보장성보험 ·차량 관리비, 유지비, 보험 ·공과금 ·기부금, 회비 ·가족 용돈 ·통신비	·식비 ·외식비 ·의복비 ·미용비 ·문화생활비 ·의료비 ·경조사비 ·휴가비 ·부부 용돈

에는 대출 이자와 원금, 월세, 공과금, 용돈, 보험료 등이 포함되며, 변동지출에는 식비, 미용비, 경조사비, 데이트비, 여행비 등이 포함된다. 즉 매달 고정적으로 나가는 지출이 고정지출이며, 매달 자신의 의지에 따라 금액이 바뀌는 지출이 변동지출이다.

참고로 상황에 따라서 고정지출이 변동지출이 될 수도 있고, 변동지출이 고정지출이 될 수도 있다. 예를 들어 당뇨가 있어 매주 병원에 방문해 관련 약을 수령해야 하는 상황이라면 의료비가 고정지출 항목으로 편성될 것이다. 회사에 일정 비용을 내고 세끼 식사를 모두 해결한다면 식비도 고정지출 항목으로 들어갈 수 있다. 꼭 굳이 고정지출과 변동지출을 정형화할 필요는 없다. 왜냐하면 가계부는 목적이 아니라 절약을 위한 수단이기 때문이다. 고정지출이든, 변동지출이든 나의 상황에 맞게 변형해서 써도 무방하다.

지출 항목이 편성되었다면 한 달 생활비 10만 원, 용돈 30만 원, 미용비 5만 원 등 각 항목에 알맞은 예산을 정해야 한다. 예산을 얼마로 해야 할지 모르겠다면 가계부와 카드 내역서의 3개월치 통계를 참고하면 도움이 된다. 예산을 세웠다면 나의 한 달 고정지출과 변동지출이 총 얼마인지 계산하고, 최종적으로 한 달 총지출금을 결산해야 한다. 그리고 예산 내에서 어떤 카테고리에서 어떻게 소비했는지 점검하는 시간을 갖는다. 가계부는 단순히 지출을 기록하는 용도가 아니다. 다시 한번 강조하지만 결산을 통해 예산 편성까지 이어져야 하며, 그렇게 정한 예산을 지켰는지 여부로 반성과 칭찬의 시간을 가져야 한다.

✦✦✦

지출구멍부터
찾고 관리하자

가계부를 쓰면 내가 어떤 카테고리에서 가장 소비를 많이 하는지 보일 것이다. 이를 '지출구멍'이라 한다. 이 지출구멍을 집중적으로 공략해 지출을 줄이도록 노력하는 것이 바로 결산의 과정이다. 가정 먼저 관리해야 하는 지출구멍은 변동지출 내에서 가장 큰 비중의 항목이다. 왜냐하면 고정비보다는 변동비가 줄이기 쉽고, 줄였을 때 효과가 크기 때문이다.

필자의 경우 한때 프랜차이즈 카페에 매일 출근도장을 찍어 한 달 커피값만 50만 원 정도였던 시절이 있었다. '커피값'이 큰 지출구멍이었던 것이다. 그래서 지출구멍을 줄이고자 습관적으로 카페에 방문하던 버릇을 고치고, 카페가 보이지 않는 길로 돌아서 출근하기도 했다. 대신 텀블러에 커피를 챙겨서 다녔는데, 이렇게 지출구멍을 줄이니 대략 한 달에 40만 원 정도를 아낄 수 있었다. 그럼 이렇게 아낀 돈은 어떻게 해야 할까? 당연히 절약한 금액은 저축으로 이어져야 한다. 이렇게 하면 당장 소득이 증가하지 않아도 저축액을 높일 수 있다.

그러나 모든 지출구멍을 막을 수는 없다. 스트레스를 푸는 데 도움이 되는 지출이라면 과하지 않은 선에서 유지하는 것이 좋다. 무턱대고 모든 지출을 틀어막으면 절약요요가 올 수밖에 없다. 절약은 장기적인 마라톤이다. 길고 힘든 코스를 끝까지 완주할 수 있도록 지출 항목은 조금 느슨하게 관리할 필요가 있다.

"한 달 변동지출액을 정확하게 파악하고 있다면 가계부를 제대로 쓴 것이다."

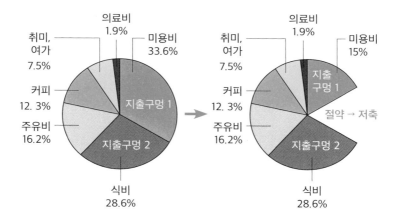

지출구멍 예시

왼쪽 차트:
의료비 1.9%
미용비 33.6%
취미, 여가 7.5%
커피 12. 3%
주유비 16.2%
지출구멍 1
지출구멍 2
식비 28.6%

오른쪽 차트:
의료비 1.9%
미용비 15%
취미, 여가 7.5%
지출구멍 1
커피 12. 3%
절약 → 저축
주유비 16.2%
지출구멍 2
식비 28.6%

　　필자가 한 재테크 관련 강연회에서 들은 이야기다. 정말 공감되는 말이다. 만약 지금 머릿속에서 한 달 변동지출액이 떠오르지 않는다면 오늘부터라도 가계부를 작성하기 바란다. 가계부 작성을 통해 변동지출과 고정지출을 파악하고, 예산을 책정하고, 저축을 늘려보자.

잘 먹으면서
식비 관리하기

비교적 절약이 쉬우면서 가장 큰 효과를 볼 수 있는 항목이
바로 식비다. 왜냐하면 식비는 장을 보는 재료를 줄이고, 배달
음식만 참으면 쉽게 아낄 수 있기 때문이다. 또 냉장고에 방치
된 재료를 활용해 끼니를 해결하는 소위 '냉장고 파먹기(이하
냉파)'를 통해 효율적으로 식비를 아낄 수 있다. 냉장고에서 놀
고 있는 재료만 잘 활용해도 충분히 다양하고 맛있는 음식을
만들 수 있기 때문에 '냉파'는 기본 중의 기본이다. 하지만 오
해해서는 안 된다. 가능한 선에서 식비를 줄이라는 뜻이지 굶
거나 부실하게 먹으라는 뜻이 아니다. 무조건 절약을 한다고

능사가 아니듯이 굶거나 부실하게 먹으면 오히려 약값이 더 들 수 있다. 그래서 이번에는 건강하고 효과적으로 식비 지출을 줄이는 팁 다섯 가지를 소개하려 한다. 실제로 필자는 이 다섯 가지 방법을 통해 한 달 식비를 40만 원에서 무려 1만 원대로 대폭 줄였다.

✦✦✦

식비를 관리하는
다섯 가지 팁

1. 냉장고 재료지도 만들기

첫 번째 팁은 냉장고 재료지도를 만드는 것이다. 냉장고를 정리하고 냉장고 재료지도를 만들면 필요 없는 식재료를 덜 구매할 수 있고, 냉장고 문도 덜 열게 되어 전기세도 아낄 수 있다. 냉장고 재료지도를 만들 때 유통기한이나 구매 날짜를 같이 적으면 음식물 쓰레기 처리 비용도 덜 드니 일석이조의 효과다.

가정에 있는 냉장고와 비슷한 모양으로 냉장고 재료지도를 만들고 식재료를 기입해보자. 상하기 쉬운 재료는 유통기한을 같이 적어두자. 냉장고 재료지도는 냉장고 문이나 부엌 잘 보이는 곳에 붙이면 된다.

냉장고 재료지도 예시

냉동실 문	냉동실	냉장실	냉장실 문
육류	견과류	간식류	채소류
	냉동식품	계란	음료
건어물		소스, 드레싱	

2. 재료와 음식 소분하기

두 번째 팁은 자주 사용하는 재료와 음식을 소분해 냉장고에 보관하는 것이다. 마늘, 고추, 파 등은 우리나라 요리에서 빠지지 않고 들어가는 재료다. 이런 재료는 할인할 때 많이 구매해서 손질 후 깔끔하게 소분해 냉동실에 보관하면 매번 장을 보지 않아도 되어서 비용 절감에 큰 도움이 된다. 감자는 싹이 빨리 나기 때문에 손질해서 냉동 보관하면 좋으며, 양파도 껍질을 제거하고 위생랩으로 포장해 야채통에 넣으면 보다 오래 보관할 수 있다. 국도 넉넉히 요리한 다음 소분해 냉동 보관하면 그때그때 하나씩 꺼내 먹을 수 있어 편리하다.

3. 식단 짜기

세 번째 팁은 식단을 짜는 것이다. 냉장고 재료지도를 보고, 가진 재료 내에서 영양소를 고려해 미리 식단을 짜면 식비 절약에 매우 도움이 된다. 식단을 잘 짜면 균형 잡힌 식사를 할 수 있고 정말 필요한 재료만 그때그때 구매할 수 있어 합리적이다. 예를 들어 여러 요리에 쓰일 수 있는 재료가 있다면 이 재료를 가지고 요리 2~3개를 만드는 것이다. 콩나물이 있다면 반찬으로 콩나물무침을 하고, 메인메뉴는 콩나물불고기를 만들고, 국은 콩나물국을 하는 식으로 식단을 짤 수 있다. 두부가 있다면 국으로 두부를 넣은 된장찌개나 두부전골을 하고, 메인메뉴는 마파두부를 만들고, 반찬으로는 두부부침이나 두부전 등을 하면 된다.

물론 콩나물로 만든 음식만 섭취하거나, 두부로 만든 음식만 섭취하면 영양에 불균형이 생기니 두 가지 이상의 재료를 복합해 계획적으로 식단을 짜는 것이 좋다. 미리 식단을 짜면 배달음식과 외식도 줄일 수 있다. 또한 장을 보기 위해 마트에 가면 군이 필요 없는 재료를 구매하게 되는 경우가 많은데, 사전에 식단을 짜고 필요한 재료만 그때그때 구매하면 충동구매를 줄일 수 있다.

4. 각종 적립금 활용하기

네 번째 팁은 각종 이커머스 업체의 적립금을 활용하는 것이다. 식재료를 주문할 수 있는 티몬, 위메프 등의 다양한 이커머스 업체에서는 가끔씩 적립금을 이벤트로 제공한다. 그럼 이 적립금을 가지고 식품을 사는 것이다. 하지만 결국 온라인쇼핑도 쇼핑이기 때문에 무료배송 여부를 확인하고, 적립금을 상회한 금액은 사용하지 않도록 합리적인 소비를 해야 한다. 예를 들어 2천 원의 적립금을 모았다고 가정해보자. 2천 원 내의 무료배송 식품을 먼저 고려하고, 2천 원 내에서 필요한 식품이 없으면 점차 가격 범위를 넓혀 목록을 추린다. 정말 살 물건이 없을 때는 과감히 적립금을 포기하고 소멸되게 하는 것이 더 현명할 수도 있다.

이벤트로 제공하는 적립금 외에 가입 시 추천인을 입력하면 포인트를 주는 애플리케이션도 있고, 출석 체크를 통해 적립금을 쌓을 수 있는 이커머스 사이트도 있다. 식비를 절약할 수 있는 유용한 애플리케이션과 사이트를 모두 소개하고 싶지만 현실적으로 종류가 너무 많고, 이벤트 내용이 매번 달라지기 때문에 책에서는 생략하도록 하겠다. 관련 정보는 필자의 블로그에서 주기적으로 업데이트되고 있으니 참고하기 바란다.

5. 머지포인트 활용하기

다섯 번째 팁은 머지포인트를 활용하는 것이다. 머지포인트는 각종 편의점에서 사용 가능한 사이버상품권으로, 머지포인트 상품권을 사서 충전 후 현금처럼 사용할 수 있다. 머지포인트는 네이버쇼핑, 티몬, 위메프 등에서 프로모션으로 할인할 때가 종종 있어서 미리 충전해두면 싸게 편의점 물품을 구매할 수 있다. 여기에 편의점 통신사 할인까지 중복해서 받을 수 있어 머지포인트와 통신사 혜택을 함께 활용하면 20~30%까지 할인이 가능하다.

편의점 용품은 대체로 비싼 편이지만 때때로 마트보다 쌀 때도 있다. 대표적인 예가 '1+1' '2+1'과 같은 행사를 할 때다. 할인하는 간식류, 과일류를 머지포인트로 구매하면 지출이 많이 절감된다. 예를 들어 이마트24에서 바나나 5개를 1,550원에 판다고 가정해보자. 머지포인트와 통신사 할인을 합하면 1,550원짜리 바나나를 1,085원에 살 수 있다.

현명한 소비가
절약의 첫걸음

목적지가 어디인지 정확히 알고 가는 것과 모르고 가는 것은 심리적으로 큰 차이가 있다. 절약을 할 때도 마찬가지다. 기간과 금액을 정해놓으면 목표 의식이 뚜렷해져서 안도감과 추진력을 얻을 수 있는 반면, 기간과 금액이 막연하면 절약요요가 올 확률이 높다. 구체적인 예로 일주일에 한 번만 장보기, 일주일에 한 번만 외식하기, 한 달에 3번만 옷 쇼핑하기 등이 있다. 이렇게 자신의 상황에 맞게 목표와 규칙을 정해 소비하면 보다 현명하게 절약을 할 수 있다.

커피값, 통신비, 식비는
특별 관리 대상

특히 커피값은 특별 관리 대상이다. 커피값은 비교적 쉽게 줄일 수 있다. 커피 자체가 기호식품이기 때문에 사실 마시지 않아도 된다. 그러나 요즘에는 밥은 안 먹어도 커피는 마셔야 한다는 '커피홀릭'이 참 많다. 문제는 몇몇 프렌차이즈 카페의 커피값이 밥값만큼 비싸다는 점인데, 이러니 직접 원두를 로스팅하지 않는 이상 커피를 자주 마시면 지출구멍이 커질 수밖에 없다.

정 커피를 끊을 수 없다면 프렌차이즈 카페에서 제공하는 혜택을 잘 활용해야 한다. 예를 들어 스타벅스의 경우 그린회원부터 매년 생일인 달에 무료쿠폰 1장을 제공한다. 골드회원은 생일 무료쿠폰뿐만 아니라 12개의 별을 적립하면 무료쿠폰 1장을 추가로 증정한다. 스타벅스 카드로 1천 원 이상 결제 시 1개의 별이 적립되는데, 텀블러를 이용하면 에코별을 추가로 적립할 수 있다. 스타벅스 애플리케이션을 활용해 이기프트(e-Gift)로 주문하면 별이 하나 더 적립되기 때문에 4잔을 마시면 1잔을 추가로 얻을 수 있는 셈이다. 이 밖에도 아티제, 엔젤

리너스, 커핀그루나루, 매드포갈릭 등 혜택을 제공하는 프랜차이즈 카페는 많다. 또 백화점 근처에서 거주하거나 회사가 백화점과 가깝다면 백화점에서 증정하는 커피를 마실 수 있다. 예를 들어 현대백화점의 경우 매달 약 6잔 정도의 커피를 무료로 증정하고 있으며, 신세계백화점은 매달 2잔 정도의 커피를 무료로 증정하고 있다.

통신사 멤버십 혜택도 꼼꼼히 챙겨야 한다. 알뜰폰을 쓰고 있다면 해당사항이 없지만 가족 결합 할인 등의 이유로 SK텔레콤, KT, LG유플러스를 이용하고 있다면 꼭 혜택을 챙기기 바란다. 통신 3사는 매년 이용고객에게 등급에 따른 포인트를 제공하는데, 이 포인트는 제휴업체에서 현금처럼 활용된다. 특히 각 멤버십의 VIP 회원은 포인트도 많고 할인율도 높다. 통신 3사의 포인트 혜택은 통신사 사이트와 애플리케이션에서 상세하게 조회가 가능하며, 매년 소멸되고 새로 부여되기 때문에 포인트가 사라지기 전에 조금이나마 할인을 받기 바란다. 할인이 아닌 아예 무료로 제공되는 혜택도 많기 때문에 이 부분은 살뜰히 챙기는 게 좋다.

식비도 특별 관리 대상이다. 머지페이 외에도 효과적으로 식비를 관리할 수 있는 방법이 있다. 바로 지역화폐를 활용하는 것이다. 소상공인의 카드 수수료를 줄이고 전통시장을 활성

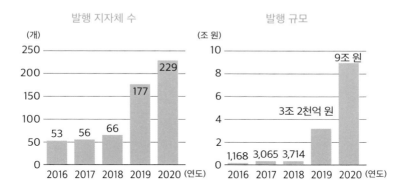

지역화폐 발행 현황

발행 지자체 수

(개)

발행 규모

(조 원)

자료: 한국조세재정연구원

화하기 위해 각 지역마다 지역화폐가 도입되었다. 서울의 제로
페이, 경기도의 경기지역화폐, 인천의 인천e음카드, 세종의 여
민전, 부산의 동백전 등이 대표적이다. 이용의 활성화를 위해
30%의 소득공제율이 적용되는데 최대 60%까지 적용되는 곳
도 있다.

혜택은 소득공제뿐만이 아니다. 지역화폐는 구매 시 보통
10~20%의 할인이 적용된다. 즉 10만 원 상품권을 8만~9만 원
에 구매할 수 있는 것이다. 이렇게 소득공제 혜택과 할인 혜택
을 함께 누릴 수 있어 지역화폐를 이용하면 식비를 크게 줄일
수 있다. 사용처와 할인 여부는 각 지역화폐 홈페이지에서 확인

할 수 있으며, 지역마다 혜택과 사용처가 상이하니 미리 확인해
보고 사용하는 것이 좋다.

✦✦✦

신용카드에 대한
오해와 진실

돈을 모으려면 신용카드를 자르고 체크카드(현금)만 사용하
라는 말을 많이 들었을 것이다. 이는 반은 맞고 반은 틀린 말이
다. 절약을 처음 시도한다면 현금만 쓰는 것이 좋고, 평소 절약
을 하긴 하나 소비 욕구를 잘 통제하지 못한다면 체크카드를 쓰
는 것이 좋다. 그리고 소비 욕구를 잘 통제하고, 절약하는 생활
에 익숙하다면 신용카드를 쓰는 것이 절세에 유리하다.

신용카드가 절세에 유리한 이유는 신용카드 소득공제 때문
이다. 신용카드 소득공제란 신용카드 사용금액이 총급여액의
25%를 넘겼을 때 일정 한도 내에서 소득을 줄여주는 제도로,
이 소득공제 한도 내에서 신용카드를 활용하면 절세 효과를 누
릴 수 있다. 예를 들어 총급여액의 25%를 초과하는 금액에 대
해서만 소득공제가 가능하니 25% 이하는 상대적으로 혜택이
좋은 신용카드를 활용하고, 25%를 초과하는 금액부터는 소득

소득공제율 차이

구분	소득공제율
신용카드	15%
체크카드	30%
현금영수증	
전통시장 사용분	40%
대중교통 이용분	

소득공제 한도

총급여액	신용카드	도서, 공연 등	전통시장	대중교통
7천만 원 이하	330만 원			100만 원
7천만 원 초과~ 1억 2천만 원 이하	280만 원	100만 원	100만 원	-
1억 2천만 원 초과	230만 원			-

공제율이 높은 체크카드를 활용하는 것이다.

　전문가들이 체크카드를 권유하는 이유는 체크카드를 이용하면 본인의 잔고 내에서만 소비를 할 수 있기 때문이다. 신용카드의 경우 당장 통장에 돈이 없어도 본인의 신용을 이용해 미리 빚을 지고 소비를 할 수 있기 때문에 자칫 소비 욕구를 조절하지 못하면 감당할 수 없는 빚이 생길 수 있다. 그러나 신용카드를 써도 크게 소비 욕구가 흔들리지 않는 경지에 올랐다면 체크카드보다 혜택이 좋은 신용카드를 사용하는 것이 낫다.

우리의 지갑에는 어떤 카드든 3~4장 이상의 카드가 기본으로 들어 있다. 그러나 카드의 혜택이 뭐가 뭔지 다 기억하는 사람은 별로 없을 것이다. 많고 많은 혜택을 다 암기해도 정작 나에게 필요한 혜택은 많지 않다. 따라서 나에게 필요한 혜택만 따로 항목을 적어 해당 카드에 붙여두는 것이 좋다. 이렇게 하면 소비할 때 카드별 혜택을 참고할 수 있다. 노파심에 짚고 넘어가자면 할인을 받기 위해 필요 없는 소비를 하는 행동은 지양해야 한다. 예를 들어 백화점에 가서 30만 원을 쓰면 1만 원 상품권을 준다고 가정해보자. 나는 오늘 딱 20만 원만 쓰려고 했는데 이 1만 원의 혜택 때문에 10만 원을 더 쓰는 게 옳을까? 할인이나 혜택을 받기 위해 불필요하게 더 쓰는 소비 습관은 현명하지 못하다. 증정이나 할인을 받기 위해 지출을 늘리는 것을 알뜰하다고 착각해서는 안 된다.

혜택을 쭉 카드에 적어놓으면 나에게 필요 없는 카드가 보일 것이다. 그런 신용카드는 바로 해지하는 것이 좋다. 모든 신용카드는 연회비라는 것이 소요되기 때문이다. 연회비는 카드 혜택을 누리는 데 드는 1년 비용이다. 따라서 쓰지 않는 카드를 해지하면 미리 납입한 연회비를 남은 기간만큼 돌려받을 수 있다. 예를 들어 연회비 12만 원짜리 신용카드를 1월에 가입하고 5월에 해지했다면 사용했던 5개월의 연회비 5만 원을 제외하고 남은 7개월에 대한 연회비 7만 원을 돌려받을 수 있는 것이다. 따라서 사용하지 않는 신용카드가 있다면 빨리 해지하기 바란다.

식비를 줄이는
마법의 식단표

식재료	메인 식재료 하나로 만들 수 있는 메뉴					
	국, 찌개	반찬 1	반찬 2	반찬 3	반찬 4	반찬 5
콩나물	콩나물국	콩불고기	콩나물밥	콩나물무침	콩나물 버섯볶음	콩나물잡채
두부	된장찌개, 두부전골	두부조림	마파두부	두부김치 볶음	두부부침	두부전
양배추	배춧국	배추닭갈비	양배추쌈밥	삶은 양배추	양배추 소시지볶음	콘슬로우, 양배추피클
계란	계란국	계란장조림	계란프라이	계란찜	계란말이	스크램블
감자	감잣국, 감자찌개, 고추장찌개	감자카레	감자채볶음	감자조림	버터 감자구이	감자샐러드

2030 파이어족을 위한 밍키언니의 돈 계획

식재료	메인 식재료 하나로 만들 수 있는 메뉴					
	국, 찌개	반찬 1	반찬 2	반찬 3	반찬 4	반찬 5
버섯	버섯찌개, 버섯들깨탕	버섯밥	버섯구이	버섯장조림	버섯양파볶음	버섯전
닭	삼계탕, 닭개장	닭볶음탕, 찜닭	닭가슴살 샐러드	닭고기완자	닭고기볶음	치킨볶음밥
오이	오이국, 오이찌개	오이무침	오이부추	오이지	고기오이볶음	오이카레
미역	미역국, 미역냉국	삶은 미역	미역줄기볶음	미역두부무침, 미역초무침	미역무채말이	미역자반
바지락	바지락칼국수, 바지락수제비	바지락비빔밥	바지락초무침	바지락야채볶음	바지락파스타	바지락전
동태	동태탕	동태찜	동태조림	동태까스	동태동그랑땡	동태전
낙지	연포탕, 낙지전골	낙지볶음밥	낙지회무침	낙지볶음	불고기낙지	해물라면
무	뭇국	무밥	무채볶음	무조림	무초절임	무나물
어묵	어묵국	어묵볶음	어묵조림	어묵떡볶이	어묵고추잡채	어묵우동
콩비지	비지찌개	콩비지간장밥	비지볶음	비지동그랑땡	비지유부초밥	비지부침개
참치캔	참치찌개	참치비빔밥	참치계란말이	참치샐러드	참치동그랑땡	참치라면
북어	북엇국	북어채무침	북어조림	북어보푸라기무침	북어찜	북어포볶음
떡	떡국, 떡만둣국	떡잡채	소시지떡볶음, 떡야채볶음	간장떡볶이	기름떡볶이	매운떡볶이

PART 3

종잣돈 마련을 위한
기반 다지기

"돈이 돈을 낳는다.
돈이 돈을 번다."

_존 레이(John Ray)

원칙과 계획
세우기

흔히 돈을 모으는 것을 저축이라고 하고, 모은 돈을 굴리는 것을 투자라고 한다. 전자는 이자가 높지 않지만 안전하게 원금이 보존되는 예적금으로 가능하고, 후자는 손실의 가능성이 있지만 상대적으로 높은 이익을 추구할 수 있는 펀드, 주식 등으로 가능하다. 그렇다면 재테크는 저축과 투자 중 무엇을 말하는 것일까? 아마 대부분은 투자라고 생각할 것이다. 일반적으로 재테크가 '투자를 통해 돈을 벌거나 재산을 불리는 방법'이란 뜻으로 사용되기 때문이다. 하지만 재테크는 재무의 '재(務)'와 기술의 '테크놀로지(Technology)'가 합쳐져 만들어진 단어다. 즉 돈을 모으는 기술과 불리는 기술을 모두 함유하고 있는 말이다. 저축과 투자 모두 해당되기 때문에 돈을 아끼고 저축하는 것부터가 바로 재테크다. '저축'이라는 기본이 튼튼해야 그 위에 '투자'라는 건물을 잘 쌓을 수 있으므로, 저축도 체계적인 기초공사가 필요하다. 그 출발점이 바로 '원칙 정하기'다.

✦✦✦
원칙 없이는
부자가 될 수 없다

원칙이 있으면 방해요소가 생겨도 흔들리거나 무너지지 않을 수 있다. 필자의 원칙 중 하나는 '물건을 살 때 50번 이상 사용할지 생각할 것'이다. 개인적으로 금방 싫증을 내는 성격이라 불필요한 소비를 막기 위해 이러한 원칙을 세웠다. 이 밖에도 자동차 욕심이 있어 '자동차의 값은 내 자산의 3%'라는 원칙도 세웠다. 아직 원칙이 없다면 다음의 다섯 가지 원칙을 참고해서 자신만의 원칙을 만들어보기 바란다.

1. 100원을 저축하는 것은 100원 이상을 버는 가치가 있다.
2. 월급에서 남는 것을 저축하지 말고 저축하고 남은 것을 쓰자.

3. 안 쓰면 100% 할인이다.

4. 저축하지 않으면 나중에 하기 싫은 일을 해야 한다.

5. '무지출데이'를 만들고 실천하자.

이렇게 원칙이라고 해서 거창할 필요는 없다. 그냥 '저축 생활에 도움이 되는 규칙이나 말'이라 생각하면 편할 것이다. 나만의 저축 원칙을 최소 세 가지 정도 선정해 마음에 새겨보자.

계획도 전략이
필요하다

방학 전이면 어김없이 해야만 했던 숙제가 있다. 바로 방학계획표 작성이다. 왜 학교에서 방학계획표를 쓰도록 유도했을까? 계획을 세움으로써 알맞게 시간을 분배해 추진하려는 일을 보다 빠르고 쉽게 해낼 수 있기 때문이다. 그래서 저축을 할 때도 계획을 세우는 것이 중요하다. 돈 계획이 중요한 이유는 돈 계획이 인생 계획과 떼려야 뗄 수 없는 관계이기 때문이다. 따라서 인생 계획을 세우면서 동시에 돈 계획을 작성하는 것이 좋다.

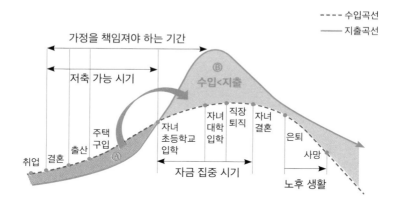

생애주기별 수입곡선과 지출곡선

- - - - 수입곡선
───── 지출곡선

가정을 책임져야 하는 기간

저축 가능 시기

ⓑ 수입<지출

취업 결혼 출산 주택구입 ⓐ 자녀 초등학교 입학 자녀 대학 입학 직장 퇴직 자녀 결혼 은퇴 사망

자금 집중 시기

노후 생활

'돈 계획도 어려운데 무슨 인생 계획?'이라고 생각할지도 모른다. 세부적인 인생 계획을 일일이 다 예측하기는 어려워도 일반적인 생애주기는 존재하기 마련이다. 따라서 큰 틀에서 재무계획을 짜면 큰 지출을 미리 대비할 수 있고, 60세 이후의 노후 시기를 보다 윤택하게 보낼 수 있다.

개인마다 상황은 다 다르겠지만 일반적으로 20세 때는 대학교에 들어갈 것이고, 25~30세 때는 취직을 할 것이다. 이후 30대 초중반에 결혼을 하고, 60세가 되면 퇴직을 하게 된다. 이러한 큰 틀에서의 생애주기에 나의 세부 인생 계획을 추가하고, 돈 계획을 더해 수입곡선과 지출곡선을 예측하면 된다. 예를 들어 20세 때는 바로 취업하지 않을 경우 보통 대학생이 되니 등록금이 학기별로 500만 원가량씩 나갈 것으로 예상되고, 25~30세 때는 취직을 할 테니 수입이 증가해 본격적으로 저축을 시작할 것이다. 그리고 30대 때는 결혼과 출산으로 많은 지출이 발생하며, 퇴직 후에는 수입 감소로 제2의 일자리나 연금으로 생활하게 될 것이다. 이와 같이 인생 계획과 돈 계획을 합쳐 재무계획을 세우면 대략적으로 머릿속에 쓸 돈과 모을 돈의 그림이 그려질 것이다.

재무상태표와
현금흐름표

　　생애주기별 수입곡선과 지출곡선으로 재무계획을 세웠다면 이제 좀 더 세부적인 그림을 그릴 차례다. 내가 지금 어디에 있는지 정확히 알아야 다음 목적지로 가는 길을 찾을 수 있듯이 자신의 재무상태를 정확히 알아야 앞으로 어떻게 돈을 모으고 굴려야 할지 파악할 수 있다. 자신의 재무상태를 점검하기 위해서는 현재 자신이 가진 모든 자산의 규모를 파악하고, 월 현금흐름을 확인해야 한다. 이때 도움이 되는 것이 바로 재무상태표와 현금흐름표다.

재무상태표로
자산 규모 파악하기

　재무상태표는 자산 항목에 따라 구분하며 금융자산, 사용자산으로 나눠 적는다. 먼저 금융자산은 언제든지 필요할 때 사용할 수 있는 현금자산과 투자에 쓰인 투자자산, 은퇴 후 사용할 목적으로 저축한 은퇴자산으로 구분된다. 현금자산은 보통 은행에 있는 자산을 뜻하며 예금, 적금, 지갑 속에 있는 현금 등으로 세부적으로 나뉜다. 투자자산은 투자한 자산을 일컬으며 채권, 펀드, 주식 등으로 나뉜다. 마지막으로 은퇴자산은 보험과 같이 오랫동안 묵혀야 하는 상품과 연금 목적의 자산으로 구성된다.

　사용자산은 고정자산으로 불리기도 하는데, 움직이지 않는 부동산자산을 뜻한다. 오피스텔, 아파트, 다세대주택, 토지 등이 이에 해당된다. 이렇게 금융자산과 사용자산을 더해 나온 값이 나의 총자산이다. 여기에 부채가 있다면 부채를 빼주면 된다. 자산에 부채를 반영한 최종 자산이 바로 순자산이 된다.

　자산-부채=순자산

재무상태표 예시

자산			부채		
구분	항목	금액	구분	항목	금액
금융 자산	현금자산		단기 부채	신용카드 잔액	
	현금			마이너스통장	
	보통예금			개인 신용대출	
	저축예금				
	MMF			단기 부채계	
	현금자산계		중장기 부채	자동차 대출	
	채권			주택담보대출	
	투자자산				
	펀드				
	주식			중장기 부채계	
	투자자산계		부채계		
	은퇴자산				
	연금				
	보험				
	은퇴자산계				
	금융자산계				
사용 자산	사용자산				
	부동산				
	자동차				
	기타				
	사용자산계				
	사용자산계				
자산계					

자료: <국제신문(2018년 4월 26일)>, '개인 재무상태 점검과 재무설계'

2030 파이어족을 위한 밍키언니의 돈 계획

재무상태표를 통해 자산 규모를 파악했다면 그다음으로는 매월 들어오는 돈이 어떻게 나가고, 남은 돈은 저축과 투자로 얼마나 쓰이는지 그 흐름을 파악할 차례다.

✢✢✢

현금흐름표로
현금 유동 파악하기

현금흐름표를 작성하면 한 달간의 돈 흐름을 쉽게 파악할 수 있다. 매달 내 돈이 어떻게 들어오고 나가는지 모르는 사람들에게 꽤 도움이 된다. 작성법은 간단하다. 수입 항목에 그대로 금액을 입력하기만 하면 된다. 이때 비정기적인 수입일지라도 평균적으로 기입하는 것이 좋다. 그래야만 돈이 새지 않기 때문이다. 그렇게 총수입을 소계하고, 여기서 매월 나가는 총유출을 빼면 순현금흐름을 파악할 수 있다.

총유입-총유출=순현금흐름

만약 월 유입의 합이 월 유출의 합보다 적다면 이는 문제가 있는 현금흐름이고, 반대로 너무 많이 남아도 문제가 있다고 보

현금흐름표 예시

유입		유출	
항목	금액	항목	금액
근로소득		저축 및 투자	
사업소득		고정지출	
재산소득		변동지출	
연금소득		총유출	
이전소득			
기타소득			
기타 유입			
총유입			

자료: <국제신문(2018년 4월 26일>, '개인 재무상태 점검과 재무설계'

2030 파이어족을 위한 밍키언니의 돈 계획

면 된다. 그리고 총유출에서 소비성 지출이 50% 이상이 되지 않으면 현금흐름이 좋다고 볼 수 있으며, 총유입에서 모든 지출을 제외했을 때 비상금 명목으로 20만~30만 원 정도는 여유가 있는 것이 좋다.

이렇게 나의 현재 재무상태를 파악하는 데 가장 기본이 되는 재무상태표와 현금흐름표를 알아봤다. 재무상태표와 현금흐름표는 매년 업데이트를 해야 하며, 수입과 지출에 큰 변화가 생겼을 때는 현금흐름표를 수정해주는 것이 좋다. 그리고 앞서 강조했듯이 작성에서 끝나는 것이 아니라 파악과 분석이 반드시 동반되어야 한다. 문제가 있다면 개선 방향을 고민해보는 시간을 갖는 것이 중요하다.

저축플랜 및
통장 쪼개기

재무상태표와 현금흐름표로 자신의 경제 상황을 파악했다면 이를 바탕으로 저축률을 높이기 위해 작성할 것이 있다. 바로 이상적인 지출 수준과 저축률을 가늠할 수 있는 저축플랜을 짜는 것이다. 앞서 생애주기를 반영해 재무계획을 세워야 한다고 이야기했는데, 저축플랜을 통해 이러한 생애주기를 바탕으로 세부적인 계획을 짤 수 있다. 보통 재무설계사가 추천하는 가장 이상적인 지출과 저축의 비율은 이렇다.

지출 30%+저축률 60%+보장성보험료 10%

지출	비고
생활비(30%)	-
목적자금(40%)	단기: 예금, 적금 중기: 펀드, 주식
은퇴자금(20%)	장기: 연금, 보험
리스크 관리(3%)	보장성보험
여유자금(N%)	-

이때 저축률 60%는 40%의 목적자금과 20%의 은퇴자금으로 구성된다. 목적자금이란 대학등록금, 결혼식, 내 집 마련, 부모님 칠순잔치 등과 같이 특정 목적을 갖고 저축하는 1~5년 정도의 중단기 저축을 뜻한다. 은퇴자금은 은퇴 이후 사용할 목적으로 저축하는 자금으로 10년 이상의 장기 금융상품이 이에 해당된다. 입원, 수술 등의 비용 부담을 줄이기 위해 가입한 보장성보험은 저축의 용도가 아닌 리스크 관리를 위한 용도라고 보면 된다. 이러한 리스크 관리를 위한 보험은 총수입의 10%를 넘어가지 않아야 하며, 남는 자금은 비상금 목적으로 남겨두는 것이 좋다.

정리하면 총수입에서 40% 정도는 중단기 상품에 저축을 하고, 20% 정도는 10년 이상 가져가야 하는 보험에 넣고, 그리고 나머지 10% 안에서 리스크 관리를 위한 보장성보험과 비상금을 확보하는 것이다.

하지만 재무설계사들이 권유하는 비율을 꼭 지켜야 하는 것은 아니다. 전문가들의 말은 참고만 하고 본인의 상황에 맞게 유동적으로 저축플랜을 세우면 된다. 예를 들어 결혼을 앞두고 있는 30대 A씨는 생활비 지출과 은퇴자금 저축을 각각 10% 줄여 신혼집 마련을 위한 중단기 저축 비율을 60%까지 늘렸다. 비혼주의자 20대 B씨는 앞으로 쭉 '혼자'라는 상황을 반영해 결혼을 대비한 목적자금을 줄이고 은퇴와 리스크 관리 쪽에 치중해 비율을 설정했다. 은퇴 준비를 미처 못 한 40대 후반의 C씨는 은퇴자금 마련을 위해 은퇴자금 저축을 30%로 늘렸다. 이처럼 남은 생애주기를 참고하고, 더불어 나의 개인적인 상황과 환경을 계획에 반영하면 된다. 실제로 필자는 은퇴가 빠른 직업군에 속해 있어 은퇴자금의 비율이 30%가량이다. 이렇게 자신에게 맞는 이상적인 비율을 찾아 조율하면 된다.

강연에서 저축플랜에 대해 이야기를 꺼내면 수강생들은 대개 하루라도 빨리 저축플랜을 짜고 실천하고 싶다며 의욕을 보인다. 그래야 더 빨리 부자가 되지 않겠느냐는 것이다. 그런데 한 가지 저축플랜을 짜고 전력 질주하겠다는 생각은 조금 위험하다. 피치 못할 사정으로 하나의 목적자금을 해지하게 될 경우 도미노처럼 와르르 저축플랜이 무너질 수 있기 때문이다. 이를 방지하기 위해서는 다양한 목표를 세워 분산 저축을 해야 한다. 초등학생 때 전구로 실험을 해본 적이 있을 것이다. 전구를 직렬로 연결하면 한쪽 전선이 끊어졌을 때 불이 들어오지 않지만, 병렬로 연결하면 한쪽 전선이 끊어져도 불이 들어오던 실험. 저축도 마찬가지다. 여러 시나리오를 바탕으로 '병렬저축'을 해야 오래도록 건강하게 저축 생활을 이어나갈 수 있다.

✦✦✦

지출 통제를 위한
통장 쪼개기

저축의 비율을 적절히 조정했다면 이제 지출을 통제하는 데 도움을 주는 '통장 쪼개기'를 해보자. 통장 쪼개기를 위해서는 기본적으로 수입통장, 저축통장, 지출통장, 비상금통장 4개의 통장이 필요하다. 구조와 방법은 간단하다. 수입통장에 급여가 들어오면 계획을 세운 대로 저축액을 저축통장에 보낸다. 그리고 남은 금액을 지출통장에 입금해 한 달 동안 이 금액 내에서 생활비를 쓴다. 최종적으로 지출통장에서 남은 돈은 비상금통

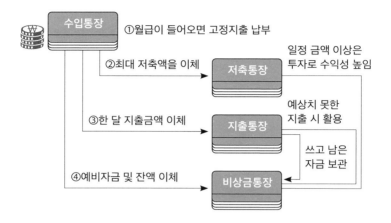

통장 쪼개기의 구조

수입통장
①월급이 들어오면 고정지출 납부

②최대 저축액을 이체 → 저축통장
일정 금액 이상은 투자로 수익성 높임

③한 달 지출금액 이체 → 지출통장
예상치 못한 지출 시 활용

쓰고 남은 자금 보관

④예비자금 및 잔액 이체 → 비상금통장

장에 보내면 된다.

수입통장은 주거래은행의 통장을 사용하는 것이 좋다. 왜냐하면 주거래은행으로 설정해야 대출금리나 이체수수료를 우대받을 수 있기 때문이다. 물론 요즘은 주거래은행이 아니어도 이체수수료를 무료로 제공하는 경우가 많지만, 그래도 급여가 들어오는 통장은 주거래은행의 통장으로 설정하는 것이 기본이다. 지출통장은 사용하고 있는 체크카드가 연계되는 통장이 좋은데, 그 이유는 통장 잔고 내에서만 사용할 수 있는 체크카드를 통해 지출을 보다 용이하게 통제할 수 있기 때문이다.

마지막으로 비상금통장은 하루를 맡겨도 이자가 붙는 CMA

와 파킹통장을 이용하는 것이 좋다. 요즘은 CMA의 이율이 예전처럼 높지 않아서 대부분 1~2%대 이율이라 생각하면 된다. 파킹통장은 최근 CMA를 대체할 상품으로 등장한 통장인데, 통장에 돈을 자유롭게 넣었다가 뺄 수 있고 하루만 맡겨도 이자를 준다. 비상금 용도로 통장을 고를 때는 이율도 중요하지만 입출금 시 수수료가 들지 않아야 한다. 비상금 용도이기 때문에 언제 어디서 돈을 출금해야 할지 모르기 때문이다. 돈을 뺄 때마다 수수료 1천 원이 든다면 매우 아까울 것이다. 그래서 은행 ATM과 제휴가 되어 있는 CMA, 파킹통장인지 확인할 필요가 있다.

참고로 CMA가 증권사의 원금비보장 상품이고, 파킹통장이 인터넷뱅크 및 저축은행의 원금보장 상품이란 점 외에는 큰 차이점은 없다. CMA, 파킹통장을 비교해보고 이율이 더 높은 상품을 고르면 된다. 예를 들어 2% 이율의 CMA나 파킹통장에 100만 원을 맡기면 세후 46원의 이자가 붙지만, 0.1% 이율의 입출금통장에 맡기면 하루 2원밖에 이자가 붙지 않는다. 이자 46원이 매우 적다고 생각할 수도 있지만 한 달이면 1,390원이고, 100만 원이 아니라 500만 원이면 한 달에 6,950원이 된다. 적다면 적은 돈이겠지만 비상금을 예치하는 용도로 활용하면서 이자까지 얻을 수 있기 때문에 잘만 활용하면 일석이조의 효과를 톡톡히 볼 수 있다.

비상금 규모는 실직 시 구직을 위해 필요한 기간인 3~6개월 치 급여 정도가 적당하다. 본인의 상황에 맞게 액수를 설정해 확보해두면 되고, 처음부터 3~6개월치 급여를 확보하기보다는 남은 돈을 조금씩 차곡차곡 모으는 편이 합리적이다. 통장 쪼개기는 저축액을 먼저 확보하고 이후 남은 돈으로 지출한다는 점에서 '선저축 후지출'을 실천하는 데 큰 도움이 된다. 지출 통제가 어렵다면 필수적으로 활용하기 바란다.

연금을 모르면
미래를 대비할 수 없다

과거 우리 부모님 세대는 노후의 중요성을 잘 모르셨고, 노후를 준비하기보다는 자식을 위해 돈을 쓰시는 경우가 많았다. 그래서일까? 우리나라 노인들은 평균 36만 원 정도의 연금을 수령한다고 한다. 아무리 안 사고 안 쓴다고 해도 월 36만 원으로는 한 달을 살기가 버겁다. 고령화 속도는 OECD 최고 수준인데, 노인빈곤율은 OECD 평균 14.8%의 3배에 달하는 43.4%다(2018년 기준). 이런 불명예스러운 통계를 바꾸고자 주택연금, 농지연금과 같은 새로운 형태의 연금을 국가가 주도해 창설하고 있는 상황이다. 행복을 돈으로 살 수는 없지만 돈이 없으면 행복하지 않을 가능성이 높다. OECD 가입국 기준 노인자살률 1위가 이를 증명한다고 생각한다.

연금의 중요성은 굳이 강조하지 않아도 다들 잘 알고 있을 것이다. 하지만 어떻게 준비해야 하는지 몰라서, 또는 현재를 즐기고 싶은 마음에 노후 준비를 멀리했다면 지금이라도 생각을 바꿀 필요가 있다. 내 집 마련과 같은 목적자금에 올인하기보다는 적절히 돈을 분배해 노후를 대비해야 한다.

그럼 필요한 노후자금 규모는 얼마일까? 국민연금연구원에 따르면 2017년 기준 노후에 필요한 '최소' 월 생활비는 부부가 약 176만 100원, 1인 가구는 약 108만 700원이었다. 최소 생활비란 특별한 질병을 앓지 않는 상태에서 최소한으로 소요되는 비용을 말한다. 퇴직연령을 65세, 평균수명을 85세로 가정하면 필요한 최소한의 노후자금은 2억 6천만 원가량인 셈이다.

✦✦✦

연금 4층탑으로
노후를 대비하라

그렇다면 노후 준비는 어떻게 하면 좋을까? 기본적으로 연금은 3층탑 이상을 쌓는다고 생각하고 준비해야 한다. 필자가

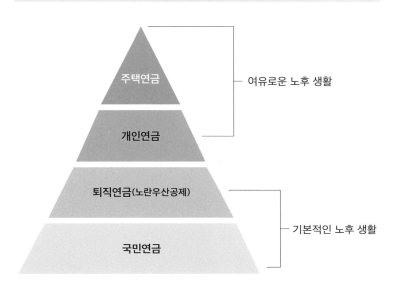

이상적인 연금 4층탑

- 주택연금
- 개인연금
- 여유로운 노후 생활

- 퇴직연금(노란우산공제)
- 국민연금
- 기본적인 노후 생활

생각하는 이상적인 월 수령액은 혼자일 경우 180만 원 이상, 부부일 경우 합산 300만 원 이상이다. 하지만 1층에 해당하는 국민연금과 2층에 해당하는 퇴직연금만으로는 월 수령액이 부족하다. 그래서 국민연금과 퇴직연금은 아주 기본적인 생활비 정도만 수령한다 생각하고, 여유로운 노후를 위해 추가로 3~4층을 쌓아올려야 한다.

탑의 1층에 해당하는 국민연금은 60세 미만 경제인이라면 누구나 의무적으로 가입해야 하는 필수 연금이다. 국민연금은 연금 중에서 가장 기본이며, 납부한 돈 대비 가장 많은 돈을 돌려받을 수 있다. 사업주와 근로자가 각각 반씩 나눠 납부하고, 10년 이상 납부하면 훗날 연금으로 수령할 수 있다. 개인사업자나 프리랜서의 경우에는 본인이 100%를 다 납부해야 하며, 전업주부는 지역가입자로 가입할 수 있다. 국민연금은 연금 중에서 가장 수익률이 좋기 때문에 소득이 없는 주부도 가입하는 것이 좋지만, 10년 이상 납부해야 연금 수령이 가능하다는 점을 감안해야 한다.

탑의 2층은 퇴직금 또는 퇴직연금이다. 퇴직금은 회사가 자체적으로 적립하고 있다가 퇴직 시 일시금으로 정산하는 것이고, 퇴직연금은 회사가 금융기관에 근로자 이름으로 운용을 맡겨 퇴직 시 정산하는 것이다. 퇴직연금의 경우 적립된 퇴직금을 일시금으로 수령하거나 연금식으로 분할 수령할 수 있다. 개인사업자나 프리랜서의 경우에는 노란우산공제를 통해 퇴직금을 스스로 준비할 수 있다. 노란우산공제에 직접 납입할 경우 연간 최대 500만 원까지 소득공제가 되니 일석이조의 상품이다. 단 노란우산공제는 사업장을 폐업하거나 퇴임 시에만 연금 수령이 가능하며, 사업장이 없는 학원 강사나 방과 후 강사도 노란우산공제에 가입이 가능하다.

탑의 3층은 개인적으로 가입하는 개인연금을 말한다. 일반적으로 반강제로 준비하게 되는 1~2층 연금과 달리 개인적으로 추가 가입을 해야 한다. 개인연금은 보험사 상품을 통해 가입할 수 있으며 10년 이상 유지해야 원금이 회복되고 효과를 발휘하게 된다. 끝으로 4층에 해당하는 주택연금이나 농지연금은 3층 연금에서 노후가 해결되지 않을 때 최후의 수단으로 수령하게 되는 연금이다.

자신의 노후 준비 상태가 어떠한지 제대로 파악하기 위해서는 1~3층 연금의 수령액을 정확히 계산해봐야 한다. 훗날 자신이 받을 연금을 정확히 알고 있는 사람은 극히 드물다. 우선 수령액을 파악한 후 자신이 생각하기에 액수가 부족하다면 연금탑을 1층씩 높여야 한다. 그런데 안타까운 점은 보통의 사람들이 10년짜리 저축보험을 만기 전에 해지할 확률이 80%에 육박한다는 점이다. 10년이면 강과 산이 변한다고 했던가. 정말 확고한 신념과 계획이 없다면 연금이나 저축보험과 같은 초장기 상품에는 가입하지 않는 것이 좋다. 차라리 중단기 목적자금에 집중하는 편이 나을 것이다. 반대로 연금이 확보가 안 되어 있고 수입이 충분하다면 하루라도 빨리 장기 은퇴자금 관련 상품에 가입할 필요가 있다.

연금 수령액을 파악하기 위해서는 1층 국민연금부터 3층 개인연금까지 최소 수령액을 기준으로 정리해보면 된다. 국민연금, 퇴직연금, 개인연금의 월 수령액이 300만 원에 가깝다면 충분하지만 그렇지 않다면 개인연금 가입을 고려해야 한다. 만약 퇴직연금이 아니라 일시금으로 퇴직금을 수령하는 경우라면 평균수명 85세에 맞춰 퇴직 후 보내야 하는 기간 25년, 즉 300개월로 퇴직금을 나눠 월 수령액을 예측해보면 된다. 일시금으로 수령하는 개인연금에 가입했다면 마찬가지로 같은 방법으로 계산이 가능하다.

대출 관리와
상환플랜

　살다 보면 급하게 신용대출이나 마이너스통장을 이용할 수
도 있고, 학자금대출이나 전세자금대출, 내 집 마련을 위한 담
보대출 등 돈을 빌려야 하는 상황이 생길 수 있다. 한 금융기관
의 조사에 따르면 우리나라 국민 10명 중 8명이 대출이 있다고
하니 대출 없이 사회생활을 하는 경우는 거의 없다고 봐도 될
것이다.

　물론 대출이 나쁘기만 한 것은 아니다. 이자율이 낮은 착한
대출을 잘 활용하면 신용등급도 올릴 수 있고 자산을 착실히 불
릴 수 있다. 하지만 대출을 잘못 이용하면 이자와 원금을 제때

상환하지 못할 수 있고, 연체가 길어지면 신용등급 하락에 영향을 줄 수 있다. 무엇보다 대출 이자는 저축액을 하락시키는 직접적인 원인이기 때문에 적절한 대출 관리와 상환플랜을 세울 필요가 있다.

✦✧✦

상환은 이자율이
높은 대출부터

대출 관리와 상환플랜은 내가 가진 대출의 정보를 나열하는 것부터 시작한다. 대출 정보는 원금과 고정 또는 변동 이자율, 그리고 대출 기간을 적으면 된다. 좀 더 상세하게는 추가적으로 매달 나가는 이자와 원금, 대출 상환방식, 중도상환수수료율을 추가할 수 있다. 이렇게 나의 대출 정보를 다 파악했다면 대출을 상환하는 순서를 정할 수 있다. 대출 상환은 이자율이 높은 것부터, 그리고 매월 신용등급에 악영향을 주는 것부터 먼저 갚아야 한다. 이런 상환플랜을 세우려면 당연히 나의 모든 대출 정보를 알고 미리 정리할 필요가 있다.

대출은 이자율이 높은 것과 신용등급 하락에 영향을 미치는 것부터 갚아야 한다. 그렇다면 직장인 D씨와 같은 경우에는 어

구분	금리
대부업체	24%
현금서비스	23%
카드론	21%
리볼빙	19%
자동차 할부	5%
마이너스통장	4%
은행 대출	4%

D씨의 대출 정보

떤 대출부터 갚아나가야 할까? 이자율이 높은 순으로 나열했으니 위에서부터 차례대로 갚으면 될 것 같지만 그렇지 않다. 신용등급을 고려하면 상환 순서는 다음과 같다.

대부업체→현금서비스→카드론·자동차 할부→리볼빙
→마이너스통장→은행 대출

대부업체와 현금서비스는 이자율도 초고금리이고, 신용등급 하락에도 가장 큰 영향을 미친다. 자동차 할부는 이자율이 많이 높지 않지만 신용등급에 영향을 크게 미쳐 카드론과 같은 급으로 봐야 한다. 리볼빙은 신용등급에는 영향이 없지만 이자율이 높아 마이너스통장보다 먼저 갚아야 한다. 마이너스통장은 수시로 입출금이 가능하기에 실제 이자는 대출금에 따라 없을 수도 있고 이자율도 낮지만 신용등급에 어느 정도 영향을 미친다. D씨의 상환 순서를 참고해 상환플랜을 짠다면 효과적으로 신용등급을 관리할 수 있을 것이다.

✧✧✧

세 가지
대출 상환플랜

상환플랜을 세우기 전에 일단 대출 상환방식에 대한 이해가 필요하다. 대출 상환방식은 원금균등상환(CAM), 원리금균등상환(CPM), 만기일시상환 세 가지가 있다.

원금균등상환은 대출 기간 동안 동일한 대출원금과 이자를 갚는 방식이며, 처음에는 이자가 높지만 만기 시점으로 가면서 이자가 점점 줄어든다. 원금균등상환의 장점은 매달 원금을 갚아간다는 점, 갈수록 이자가 줄어들어 전반적으로 부담이 줄어든다는 점이 있다. 단점으로는 매달 나가는 금액이 일정하지 않아 번거롭고 재무계획을 세우기 어렵다는 점이 있다.

원금균등상환

상환 기간 중 균등한 원금 납부

원리금균등상환

상환 기간 중 동일한 원금 납부

만기일시상환

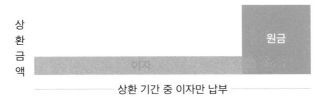

상환 기간 중 이자만 납부

원리금균등상환(CPM)은 원금은 점점 많이 상환하고 이자는 점점 줄어들어 만기 시점까지 매달 같은 금액을 납입하는 상환 방식이다. 원리금균등상환은 매달 똑같은 금액이 나가서 보다 확실하게 재무계획을 세울 수 있다는 장점이 있다.

대출 상환방식별 비교

대출원금: 1천만 원   금리: 5%   대출 기간: 3년(36개월)

상환방식	총 이자금	1회차 납부금	36회차 납부금
원금균등상환	77만 원	31만 원	27만 원
원리금균등상환	78만 원	29만 원	29만 원
만기일시상환	150만 원	4만 원	1,004만 원

만기일시상환은 대출 기간 동안 매달 같은 금액의 이자만 납입하다가 만기 마지막 달에 원금을 모두 상환하는 방식이다. 만기일시상환은 대출 기간 동안 매달 이자가 같아 재무계획을 세우기 수월하고, 적은 이자만 납입할 수 있어 원금을 확보하는 시간을 벌 수 있다. 반면 마지막 달에 큰 금액을 한꺼번에 상환해야 한다는 것은 단점이다.

중도상환은 대출 기간 내에 추가적으로 상환하는 방식으로, 돈이 생길 때마다 상환해 대출금을 줄일 수 있다는 장점이 있다. 하지만 중도상환 시 수수료가 드는 대출도 많으니 잘 따져보고 활용할 필요가 있다.

상환방식별 이자를 비교하면 원금균등상환의 이자금이 가장 적다. 그러나 원금균등상환은 초기에 납부해야 하는 금액이 가장 크다는 단점이 있다. 총 이자금도 중요하지만 매월 상환할 수 있는 금액도 충분히 고려해야 한다. 대출을 할 때는 단순히 이자가 적다는 이유로 상환방식을 선택하지 말고 자신의 대출 목적과 재무계획에 따라 현명하게 선택해야 한다.

저축을 실천해도
자산이 늘지 않는다면

　선저축 후지출도 실천하고 있고, 가계부도 쓰고 있고, 재무
계획도 잘 짰는데 돈이 모이지 않거나 저축에 속도가 붙지 않으
면 어떻게 해야 할까? 아마 굉장히 답답할 것이다. 돈이 모이지
않는 이유는 생각보다 간단하다.

　첫 번째 이유는 저축을 즐기지 않기 때문이다. 절약 생활과
저축에 재미가 붙으면 자연스레 저축 속도가 가속화될 것이다.
웬만한 일은 마음가짐에 달려 있다고 본다. 어렵고 재미없다고
생각하면 더더욱 저축하는 것이 어렵게 된다. 두 번째 이유는
저축률이 낮기 때문이다. 300만 원의 소득에서 15%를 저축하

는 사람은 월 45만 원씩 1년이면 540만 원을 모을 수 있다. 여기서 30%로 저축률을 높이면 월 90만 원씩 1년이면 1,080만 원이 모이고, 더 나아가 60%로 저축률을 높이면 월 180만 원씩 1년이면 2,160만 원을 저축하게 된다. 여기서 끝이 아니라 원금에 따라 이자도 커지니 저축원금이 많아지면 많아질수록 이자도 늘어난다. 이렇게 본인의 수입 안에서 저축률을 높이면 돈이 불어나는 속도가 빨라질 수밖에 없다.

저축률 vs.
저축금액

사실 저축률보다는 저축금액의 크기가 더 중요하다. 극단적인 예로 월 3천만 원을 벌어 30%인 900만 원을 저축하는 사람과 월 300만 원을 벌어 60%인 180만 원을 저축하는 사람이 있다고 가정해보자. 전자는 저축률은 낮지만 원금 자체가 높고, 후자는 전자보다는 저축액이 적지만 저축률은 훨씬 높다. 이 둘 중에 자산 형성이 빠른 사람은 당연히 전자일 것이다. 그래서 수입의 증가가 가장 중요하다. 저축원금, 즉 파이가 큰 사람을 이기기는 쉽지 않다. 하지만 당장 수입을 올릴 방법이 없다면 저축률 증가에 힘써야 한다.

그럼 우리나라 사람들의 저축률은 어느 정도 수준일까? 재테크에 대한 관심이 뜨거워지면서 2019년 가계저축률은 1997년 IMF 외환위기 이후 최대치를 기록했다. 대출 상환까지 저축으로 묶으면 20대는 41%, 30대는 36%, 40대는 32%, 50대는 30% 정도 저축을 했다고 한다. 하지만 빠르게 종잣돈을 마련하고 싶다면 저축률은 적어도 70% 이상으로 유지해야 한다. 당장 70%까지 높이기 어렵다면 최소 50% 정도는 목표로 잡아야 한다. 만약 저축률이 50%에 근접한데 돈이 모이는 속도가 붙지 않는다면 방법은 두 가지다. 저축률을 늘리거나, 아니면 좀 더 시간과 여유를 갖고 인내하는 것이다. 보통 돈이 불어나기 시작하는 시기는 저축을 시작한 지 3년 정도 지난 다음부터다. 따라서 인내심을 갖고 저축률을 증가시키는 데 집중해야 한다.

✦✦✦
부수입
창출하기

수입을 올리는 게 종잣돈을 모으는 가장 확실한 방법인 것은 사실이다. 하지만 현실적으로 당장 수입을 늘릴 수 있는 방법은 거의 없다. 무리해서 파트타임 아르바이트를 하면 본업이 흔들릴 수 있어 주의가 필요하다. 그렇다면 본업에 충실하면서 시간에 얽매이지 않고 수입을 얻을 수 있는 방법을 찾으면 어떨까? 잠깐의 시간만 활용하면 누구나 쉽게 푼돈을 벌 수 있는 방법이 있다.

1. 설문조사

다양한 설문조사 애플리케이션과 관련 사이트를 활용하면 소소하게 부수입을 벌 수 있다. 소비자들의 생각이 궁금한 기업들은 간단한 보상을 제공함으로써 설문조사를 유도하는데, 보통 설문조사당 50원에서 많게는 5천 원 정도를 얻을 수 있다. 패널나우, 엠브레인 패널파워 등에 가입한 후 설문조사를 진행하면 비교적 쉽게 푼돈을 모을 수 있다.

2. 좌담회

좌담회는 기업에서 소비자의 의견을 좀 더 심층적으로 듣고자 리서치 회사에 조사를 위탁하면서 이뤄진다. 리서치 회사는 신청자를 모아 조사해당자를 선발하고 적절한 보상을 제공한다. 조사해당자로 선발된 소비자는 오프라인 장소에 모여 다양한 의견을 자유롭게 제시하는 토론을 벌인다. 보통 1시간에서

2시간 정도가 걸리며 좌담회 비용은 3만~10만 원 사이로 책정된다. 리서치 회사 사이트나 관련 애플리케이션, 네이버 카페를 모니터링하면 누구나 쉽게 신청할 수 있다.

3. 앱테크

요즘은 애플리케이션에 출석체크 기능이 있는 경우가 정말 많다. 출석체크 시 적립금이나 포인트를 주는데, 보통 5~100원으로 소소하게 보상을 주지만 여러 애플리케이션을 동시에 활용하면 한 달에 몇십만 원도 벌 수 있다. 하루 20~30분 투자로 부수입을 얻을 수 있는 방법이다. 대표적으로 하나멤버스, 리브메이트, OK캐쉬백 등이 있다.

4. 보험료 조회

자동차 운전자라면 1년에 한 번씩 꼭 해야 하는 것이 있다. 바로 자동차 보험 갱신이다. 물론 자동차 보험을 비교해 가격 대비 보장이 좋은 쪽으로 가입하는 것은 기본이다. 그런데 보험료를 조회하면 포인트를 챙길 수 있다는 사실까지 아는 경우는 적다. 보험료만 조회해도 적게는 3천 원에서 많게는 1만 5천 원까지 제공한다. 5대 보험사만 조회해도 5만 원가량이 모이니 이왕 해야 하는 보험료 조회라면 포인트를 꼭 챙기기 바란다.

5. 이벤트 참여

이벤트에 응모해 경품이나 상품권을 받는 방법도 있다. 물론 확률이기 때문에 헛고생을 할 수도 있지만, 100% 당첨이 보장되는 이벤트도 많기 때문에 재테크 관련 카페에서 정보를 얻어 참여하기 바란다.

이 밖에도 찾아보면 할 수 있는 부업이 참 많다. 그러나 부수입 창출도 중요하지만 가장 중요한 것은 본업에 집중해 월급을 올리는 것이다. 소소한 부수입에 매달리다 본업에 지장을 주면 오히려 수입이 줄어드는 부작용이 생길 수 있다.

머니데이를
지정해라

가계부부터 시작해 재무계획을 짜고, 재무상태표와 현금흐름표를 작성하고, 연금과 대출을 점검하는 등 해야 할 일이 너무 많게 느껴질 것이다. 하나하나 개별적으로 점검하면 혼란스러울 수 있으니 1년 중 딱 하루 3시간만 투자하는 것이 효율적이다. 이 하루를 바로 '머니데이'라고 한다. 머니데이를 선정해 매년 관련 재무 자료를 업데이트하면 수고를 줄일 수 있다.

그렇다면 머니데이는 언제로 정하는 것이 좋을까? 머니데이는 연말이나 연초가 가장 좋다. 이 날 1년치 가계부를 총 정산하고 분석해 수입과 지출을 점검하고, 재무상태표와 현금흐름표를 업데이트하면 된다.

　이렇게 머니데이를 정하고 돈을 모을 수 있는 기반을 차곡차곡 다졌다면 이제 기반공사를 마친 상태다. 건물을 지을 때 가장 오래 공들이는 과정이 바로 기반공사다. 기반공사를 튼튼히 했다면 종잣돈이라는 건물을 쌓아올리기만 하면 된다. 물론 돈을 모으는 속도는 사람마다 다 다르다. 당연히 빠르면 좋겠지만 '어? 나는 이제 1천만 원을 모았는데 내 친구 B는 벌써 5천만 원을 모았네?' 하며 다른 사람과 비교할 필요는 없다. 나의 속도를 유지하며 차근차근 저축률을 높이는 것이 중요하다.

PART 4

종잣돈 1억 원
만들기 전략

"돈은 유일한 해답은 아니지만
차이를 만들어낸다."

_버락 오바마(Barack Obama)

시작은 단기
소액 적금부터

"산을 옮기는 사람은 작은 돌멩이부터 옮긴다."

작은 실천이 모여 큰 변화를 만든다는 뜻이 담긴 중국의 속담이다. 마찬가지로 1억 원이라는 큰돈을 모으기 위해서는 작은 목돈부터 만들어야 한다. 작은 목돈이란 크지 않지만 단기적으로 도전해볼 만한 정도의 액수라고 생각하면 이해가 쉽다. 우선 작은 목돈이 얼마인지 목표 설정부터 해보자. 목표를 설정했다면 일단 가장 확실하고 안전한 적금을 적극적으로 활용해 돈을 모으기 시작하면 된다.

✦✦✦
단기 소액 적금으로
저축 습관 들이기

　목표 설정을 했다면 이제 매월 납입금액을 정하면 된다. 납입금액은 앞서 지출구멍을 줄이면서 생긴 여윳돈과 현금흐름표 등을 고려해 결정하면 되는데 웬만해서는 무리하지 않는 것이 좋다. 중도에 해지하지 않을 수 있는 금액, 즉 부담이 되지 않을 정도의 금액으로 설정해야 한다. 왜냐하면 적금은 이자도 매우 중요하지만 만기까지 유지하는 것이 더 중요하기 때문이다. 적금 이자보다는 만기까지 돈을 모으는 경험을 쌓아 저축 습관을 기르는 데 의의가 있다. 기간 역시 처음에는 지치지 않을 정도로 짧은 기간이 좋다. 6개월에서 1년 정도를 목표로 잡고 적금을 넣어보자.

　모든 일은 2~3번 이상 반복하면 습관화가 된다. 습관은 고쳐지기가 매우 어렵기 때문에 처음에 잘 들일 필요가 있다. 너무 무리하게 큰 금액을 넣거나, 긴 기간 동안 적금을 넣으면 해지를 반복하게 될 것이다. 무리하지 않고 만기까지 잘 유지하는 경험을 2~3번 이상 반복하면 좋은 저축 습관이 형성되어 한 걸음 더 나아갈 수 있다.

금융소비자 정보포털 파인에서 '금융상품 한눈에' 기능을 이용하면 모든 적금을 비교해볼 수 있다.

납입금액이 정해지면 자연스레 적금 기간이 정해진다. 만약 500만 원을 목표로 잡고 매월 약 40만 원씩 납입하기로 결정했다면 기간은 1년이 된다. 1천만 원을 목표로 매월 약 80만원씩 납입한다면 기간은 3년이 될 것이다. 이렇게 적금 기간까지 정하면 이제 어떤 적금을 선택할지 관련 상품을 조사해야 한다. 적금 상품은 당연히 이율이 높은 것이 가장 좋지만, 여러 은행의 모든 적금 상품을 일일이 파악하기란 어려울 것이다. 이때 금융소비자 정보포털 파인(fine.fss.or.kr)을 이용하면 모든 시중은행과 저축은행의 예적금 이자율을 살펴볼 수 있다.

예적금에는 기본이율과 우대이율이 있고, 기본이율에 우대이율을 더한 최고이율이 있다. 우대이율의 적용 여부는 각자 상황에 따라 다르기 때문에 대부분은 기본이율이나 최고이율 정보만 제공하곤 한다. 그러나 파인에서는 기본이율뿐만 아니라 상세한 우대이율 조건부터 기타 유의사항까지 한눈에 볼 수 있어 고이율 예적금을 찾는 데 아주 유용하다.

　파인의 '금융상품 한눈에' 기능을 눌러 '적금'을 클릭하면 관련 상품이 쭉 나올 것이다. 여기에 조건을 입력해 '최고 우대금리' 차순으로 검색한 다음, 목록을 하나씩 클릭하며 우대이율 조건과 유의사항을 살펴보면 된다. 예를 들어 보험에 가입해야 우대이율이 적용되는 경우도 있고, 카드를 얼마 이상 사용해야 우대이율이 적용되는 경우도 있다. 이러한 상세 조건을 모두 따져본 다음 돈을 모으는 데 방해가 되는 상품은 과감히 제외하고 나에게 알맞은 상품을 찾으면 된다.

　부산은행의 '담뱃값 적금'을 예로 살펴보자. 일단 기본 이율은 0.8%이며 최고 우대금리가 적용되면 최고 이율은 3.0%가 된다. 우대금리 조건을 보면 인터넷뱅크인 썸뱅크로 가입하는 경우와 은행 창구로 가입하는 경우 우대이율이 다르게 적용됨을 확인할 수 있다. 인터넷뱅크로 가입 시 '금연 다짐서약'을 하면 0.3% 우대이율이 붙고, 인터넷뱅크 신규 가입 및 금융정보

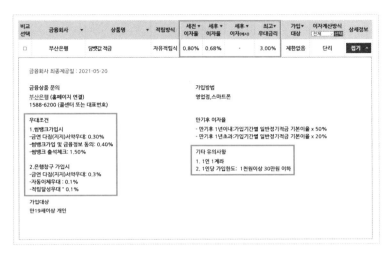

비교 선택	금융회사 ▼	상품명 ▼	적립방식	세전 ▼ 이자율	세후 ▼ 이자율	세후 ▼ 이자(예시)	최고 ▼ 우대금리	가입 ▼ 대상	이자계산방식 전체 선택	상세정보
☐	부산은행	담뱃값 적금	자유적립식	0.80%	0.68%	-	3.00%	제한없음	단리	접기 ^

금융회사 최종제공일 : 2021-05-20

금융상품 문의
부산은행 (홈페이지 연결)
1588-6200 (콜센터 또는 대표번호)

우대조건
1. 썸뱅크가입시
- 금연 다짐(지지)서약우대: 0.30%
- 썸뱅크가입 및 금융정보 동의: 0.40%
- 썸뱅크 출석체크: 1.50%

2. 은행창구 가입시
- 금연 다짐(지지)서약우대: 0.3%
- 자동이체우대 : 0.1%
- 적립달성우대 ˚ 0.1%

가입대상
만19세이상 개인

가입방법
영업점,스마트폰

만기후 이자율
- 만기후 1년이내:가입기간별 일반정기적금 기본이율 x 50%
- 만기후 1년초과:가입기간별 일반정기적금 기본이율 x 20%

기타 유의사항
1. 1인 1계좌
2. 1인당 가입한도: 1천원이상 30만원 이하

파인에서 확인한 부산은행의 담뱃값 적금 상세내역 화면

동의 시 추가로 0.4% 우대이율이 붙는다. 더불어 인터넷뱅크 애플리케이션에서 출석체크에 참여하면 1.5% 우대이율이 추가로 적용된다. 이러한 혜택을 모두 받으면 총 3.0%의 우대금리가 적용되는 것이다.

여기서 주의가 필요한 부분은 만약 해당 인터넷뱅크에 이미 가입되어 있는 기존 가입자의 경우 인터넷뱅크 가입 시 적용받을 수 있는 0.4%의 우대이율이 적용되지 않는다는 점이다. 또한 은행 창구에서 가입하면 우대이율이 낮아져 원하는 만큼 이자를 받을 수 없다. 무엇보다 해당 적금은 최대 월 납입 한도가

30만 원으로 제한된 상품이다. 보통 이렇게 금리가 높으면 월 납입 한도를 제한하는 경우가 많다. 원금이 적으면 이율이 높아도 이자가 적게 나가기 때문에 은행 입장에서는 크게 손해가 아닐 것이다. 이렇게 상세내역을 꼼꼼히 살펴보며 내가 적용받을 수 있는 우대사항이 있는지 따져볼 필요가 있다.

참고로 고이율 적금은 보통 제1금융권인 시중은행보다는 저축은행에 많다. 왜냐하면 제1금융권은 친숙하고 접근성이 높고 안전하다는 인식 때문에 이미 많이 사용되고 있기 때문이다. 반면 제2금융권인 저축은행은 접근성도 낮고 위험도 크다는 인식 때문에 고객들을 유치하기 쉽지 않다. 그래서 저축은행은 고객을 위해 상대적으로 높은 이율을 보장한다.

저축은행의 관건은
부실 여부 체크

이율이 높지만 저축은행을 이용하기 꺼리는 경우가 많은 이유는 부실과 부도의 위험이 있기 때문이다. 물론 부도 위험이 높은 부실한 저축은행도 있지만 시중은행 못지않게 탄탄한 저축은행도 있기 때문에 저축은행이라고 해서 무조건 거리를 둘

필요는 없다. 저축은행의 부실 여부를 살펴보는 방법은 다음의 세 가지만 기억하면 된다.

1. 고정이하여신비율 8% 이하
2. BIS 자기자본비율 7% 이상
3. 이익률

첫 번째, 안전성 검증을 위해 고정이하여신비율을 확인하는 것이다. 고장이하여신비율은 은행이 빌려준 돈, 즉 여신 중 6개월 이상 연체되고 있는 부실여신으로, 은행의 건정성을 파악하는 대표적인 지표다. 보통 8% 이하면 안전하다고 본다. 두 번째, BIS 자기자본비율을 확인하면 된다. BIS 자기자본비율이란 자기자본을 대출, 외화자산 등이 포함된 위험가중자산으로 나눈 비율이다. 수치가 클수록 안전한 은행이며 7% 이상은 유지해야 안심할 수 있다. 세 번째는 해당 은행의 수익률이다. 은행도 사업체이기 때문에 수익이 나야 하는데 수익률이 3분기 이상 마이너스였다면 문제가 있는 은행이다.

세 번째의 수익률 사항은 꼭 확인해야 하는 필수적인 부분은 아니지만 고정이하여신비율과 BIS 자기자본지율만큼은 꼭 확인하는 것이 좋다. 이 세 가지 사항은 저축은행중앙회(www.

fsb.or.kr)에서 쉽게 확인할 수 있다. 저축은행중앙회에서 소비자포털에 들어가 조회하고자 하는 저축은행을 클릭하면 관련 사항을 빠르게 확인할 수 있다.

❖❖❖
적금 이자의
함정

참고로 원금에다가 납입 기간과 적금 상품에 명시된 이율을 곱해 이자를 계산하는 경우가 많은데, 이때 은행이 제시하는 적금 이자를 그대로 믿어서는 안 된다. 예를 들어 5% 적금 상품에 100만 원씩 12개월을 저축하면 이자가 얼마일까?

100만 원×12개월×5%=60만 원

만일 위와 같이 60만 원이라는 계산이 나온다면 세금은 차치하더라도 큰 착오에 빠진 것이다. 실제 이자는 세금 공제 전 기준으로 3만 2,500원에 불과하다. 액수만 따져도 무려 56만 7,500원 차이다.

그 이유는 무엇일까? 바로 납입 기간에 따라 이율이 적용되

실제 이자율(%)

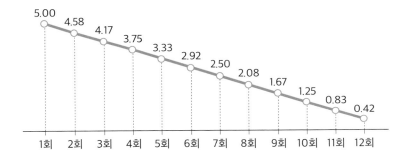

는 기간이 다르기 때문이다. 첫 달에 넣은 돈은 이자가 12번, 두 번째 달에 넣은 돈은 이자가 11번, 마지막 달에 넣은 돈은 1번 만 이자가 붙는다. 심지어 이자소득세까지 제하면 손에 쥐는 이 자는 더 줄어든다. 적금 상품의 실제 이자를 계산하는 공식은 다음과 같다.

월 적금액×개월 수×((개월 수+1)/2)×(이자율/12)

따라서 적금 상품의 이율을 따질 때는 이러한 부분까지 함 께 고려해야 한다.

저축 습관을 길렀다면
이제 3년 적금으로

6개월이나 1년짜리 단기 적금을 만기까지 잘 유지하며 저축 습관을 길렀다면 이제 단기가 아닌 중단기에 해당하는 3년으로 기간을 늘릴 필요가 있다. 1년과 3년은 기간이 3배로 늘어나서 완주하기가 몇 배는 더 힘든 게 사실이다. 그러나 3년 적금을 추천하는 이유는 1년짜리 적금보다 목돈 모으기에 훨씬 도움이 되기 때문이다.

3년짜리 적금은 3년이라는 세월 동안 돈을 묶을 수 있어 소비 욕구 조절에 탁월하다. 1년짜리 적금은 만기 이후 목돈이 모이면 그동안 참았던 소비 욕구가 솟구쳐 계획에 없던 소비를 하게 되는 경우가 많다. 실제로 만기 때 받은 목돈을 그대로 다시 예적금에 넣는 사람은 생각보다 많지 않다. 반면 3년 적금은 반강제적으로 1년 적금 만기를 3번 반복하는 것과 같기 때문에 소비 욕구가 솟아날 틈이 없다.

3년이라는 기간 동안 돈을 물리적으로 묶어두는 중단기 저축에 한 번이라도 성공하게 되면, 이후 더 많은 저축이 가능해진다. 그리고 막상 3년 적금이 만기가 되어 목돈을 수령하면

3년이라는 긴 시간 동안 고생했다는 생각 때문에 비교적 소비 욕구가 잘 참아진다. 물론 가장 중요한 점은 3년 적금을 만기까지 완주해야 한다는 것이다. 적금의 특성상 이율 3%로 출발해도 중도 해지할 경우에는 0.1% 수준의 이율을 적용받게 된다. 따라서 중도 해지 가능성이 없는 적절한 수준의 금액을 납입해야 한다.

무엇보다 3년짜리 적금은 1년짜리 적금보다 이자액이 훨씬 높다. 1년 적금과 3년 적금의 원금과 이자액을 비교하면 원금은 3배, 이자는 8~9배 정도가 차이가 난다. 아마도 '3년 적금이니까 1년 적금 이자의 3배 아니야?'라고 생각하는 경우가 많을 것이다. 하지만 적금 이자는 누적 기간에 따라 결과가 상이하다. 즉 1년짜리 적금의 첫 납입금은 12개월 동안 이자가 붙지만, 3년 적금의 첫 납입금은 36개월 동안 이자가 붙어 8~9배라는 큰 차이가 생기게 된다.

풍차 돌리기와
변형 풍차 돌리기

　1년 적금과 3년 적금에 대해 이해했다면 이제 '풍차 돌리기'에 대해 알아볼 차례다. 풍차 돌리기란 1년짜리 적금을 매달 하나씩 가입하는 것으로, 그렇게 매달 적금에 가입하면 1년 후 만기가 된 시점부터 꼬박꼬박 원금과 이자를 받을 수 있다. 예를 들어 1월에 10만 원씩 12개월간 풍차 돌리기를 한다고 가정해보자. 그다음 해 1월부터 첫 번째 적금이 만기가 될 것이고, 12월까지 매달 원금 120만 원과 이자를 받게 될 것이다. 이러한 적금의 순환이 마치 풍차가 돌아가는 것과 비슷해 '풍차 돌리기'라는 이름이 붙었다.

월	적금 1	적금 2	적금 3	적금 4	적금 5	적금 6	적금 7	적금 8	적금 9	적금 10	적금 11	적금 12
1	10											
2	10	10										
3	10	10	10									
4	10	10	10	10								
5	10	10	10	10	10							
6	10	10	10	10	10	10						
7	10	10	10	10	10	10	10					
8	10	10	10	10	10	10	10	10				
9	10	10	10	10	10	10	10	10	10			
10	10	10	10	10	10	10	10	10	10	10		
11	10	10	10	10	10	10	10	10	10	10	10	
12	10	10	10	10	10	10	10	10	10	10	10	10
1	만기	10	10	10	10	10	10	10	10	10	10	10
2		만기	10	10	10	10	10	10	10	10	10	10
3			만기	10	10	10	10	10	10	10	10	10
4				만기	10	10	10	10	10	10	10	10
5					만기	10	10	10	10	10	10	10
6						만기	10	10	10	10	10	10
7							만기	10	10	10	10	10
8								만기	10	10	10	10
9									만기	10	10	10
10										만기	10	10
11											만기	10
12												만기
총합	120	120	120	120	120	120	120	120	120	120	120	120

많은 전문가가 풍차 돌리기를 '돈 모으기'의 정석처럼 이야기하는 이유는 무엇일까? 복리 효과를 이유로 꼽기도 하는데 사실 풍차 돌리기를 한다고 해서 일반 적금과 큰 차이가 생기는 것은 아니다. 군이 번거롭게 풍차 돌리기를 하지 않아도 동일한 금액을 매달 장기 적금에 부으면 받게 되는 이자는 동일하다. 전문가들이 풍차 돌리기를 권유하는 이유는 1년이 지나면 매달 만기의 기쁨을 누릴 수 있고, 자연스럽게 저축에 재미를 붙일 수 있기 때문이다. 또한 도중에 새로운 적금에 가입하지 않거나 납입액을 낮게 설정하는 방식으로 중도 해지를 예방할 수 있어 리스크 관리에도 탁월하다. 가까운 미래에 언제 큰 지출이 생길지 예상할 수 없기 때문에 처음부터 무리해서 큰 규모의 적금을 굴리면 중도 해지 시 이자 소득을 잃을 수 있다.

풍차 돌리기가 장점만 있는 것은 아니다. 불법 대포통장을 근절하고자 금융감독원이 2010년부터 단기간 다수 계좌 개설을 제한하면서 풍차 돌리기가 더 번거로워졌다. 물론 입출금통장에만 제한이 있고, 적금 상품은 해당 은행의 입출금통장만 있으면 따로 제한 없이 자유롭게 가입이 가능하다. 예를 들어 A은행의 입출금통장이 있으면 A은행의 적금 상품은 얼마든지 가입할 수 있다. 하지만 보통 이율이 좋은 적금 상품은 1인당 1개씩만 개설할 수 있어 매번 고이율을 보장받을 수는 없다는 단점이 있다. 즉 이자율을 크게 신경 쓰지 않는다면 입출금통장이 있는 하나의 은행에서 매달 다른 적금에 가입하거나, 아니면 매달 이 자율이 높은 다른 은행을 찾아가야 하는 번거로움을 감수해야 한다. 전자는 이자를 많이 챙길 수 없다는 문제가 있고, 후자는 단기간 다수 계좌 개설 제한 제도라는 걸림돌이 있다.

✦✦✦

단점을 보완한 변형 풍차 돌리기

풍차 돌리기의 단점을 보완한 것이 바로 '변형 풍차 돌리기' 다. 변형 풍차 돌리기는 매달 꼬박꼬박 적금에 가입하는 것이 아니라 높은 이자율의 적금 상품이 보일 때마다 수시로 쇼핑하 듯이 적금에 가입하는 방법이다. 이렇게 하면 높은 이자율도 챙 기고, 매달 통장을 개설해야 하는 번거로움도 줄일 수 있다. 더 불어 1년 적금이 아닌 3년 적금을 활용함으로써 더 높은 고이 율의 기쁨을 누릴 수 있다.

일반적인 풍차 돌리기는 매달 같은 금액의 새로운 적금을 계속 가입하므로 시간이 갈수록 너무 급격히 납입액이 올라가 는 문제가 있다. 예를 들어 1월에 1호 적금 10만 원을 납입하고, 2월에 2호 적금 10만 원을 납입하는 식으로 쭉 이어지면 매달 10만 원씩 저축액이 늘어나 12월에는 120만 원을 납입하게 된다. 납입하는 금액이 급격히 커지는 것도 문제지만 진짜 문제는 한 달이라는 짧은 기간이다. 앞서 절약은 일반적으로 3~6개월 정도 익숙해지는 시간이 필요하다고 강조한 바 있다. 그런데 풍차 돌리기는 한 달이라는 매우 짧은 간격으로 저축액이 급격히 늘어나기 때문에 중도에 해지할 가능성이 크다. 반면 변형 풍차 돌리기는 고이율 적금 상품이 보일 때마다 짧게는 1~2개월, 길게는 3~4개월 간격으로 적금에 가입하기 때문에 이러한 불편을 피할 수 있다.

아직 변형 풍차 돌리기에 대해 잘 감이 오지 않을 것이다. 그냥 쉽게 '기계적으로 매달 적금에 가입하는 것이 아니라 그때그때 고이율 적금이 보이면 추가로 가입한다.' 하는 개념만 기억하면 된다. 물론 저축 습관이 형성되지 않은 상태에서는 기계적으로 적금을 붓는 기존의 풍차 돌리기를 통해 재테크에 재미를 먼저 붙여볼 필요가 있다. 하지만 어느 정도 궤도에 올랐다면 풍차 돌리기보다 더 효율적인 변형 풍차 돌리기를 활용해보자.

적금을 예금처럼
활용하기

앞서 '적금 이자의 함정'을 언급하며 적금의 이자율을 그대로 믿어서는 안 된다고 이야기한 바 있다. 실제로 적금의 이자액이 아무리 높아봤자 예금의 이자액은 넘기 힘들다. 예를 들어 5% 이자율 1년 적금 상품과 2.7% 이자율 1년 예금 상품이 있다고 가정해보자. 적금 상품에 매달 10만 원씩 총 120만 원을 불입하고, 예금 상품에 120만 원을 한 번에 넣고 만기를 채우면 각각 어떻게 될까? 세전 이자액은 각각 적금이 3만 2,500원, 예금이 3만 2,400원으로 큰 차이가 없다. 이자액은 2.3%나 차이가 나는데 이자액은 고작 100원 차이인 것이다. 그러나 적금의 높은 이자율을 예금처럼 활용할 수 있는 방법이 있다. 이를 '적금의 예금화'라고 부른다.

✦✦✦

적금을 예금처럼
활용하는 방법

1. 납입 횟수 제한이 없는 적금 활용

적금을 예금처럼 활용하는 첫 번째 방법은 납입 횟수 제한이 없는 적금을 이용하는 것이다. 모든 적금에는 정해진 기간이 있다. 그러나 납입 횟수 제한이 없는 적금은 처음에 한 번만 납입하면 만기일까지 이자율을 그대로 적용받을 수 있다. 즉 처음에 1회차 적금액만 납입하고 예금처럼 만기일까지 기다린 다음 이자액을 합한 원금을 수령받는 것이다. 1회차 적금액은 12개월 동안 정상적으로 이자가 붙기 때문에 예금의 효과를 누릴 수 있다.

이때 주의해야 할 부분이 있다. 바로 적금 납입금액과 납입 횟수에 제한이 없어야 한다는 점이다. 월 납입금액에 제한이 있는 적금은 1회에 납입할 수 있는 금액이 한정적이기 때문에 예금처럼 활용해도 효율이 나쁠 수 있다. 그래서 납입금액 제한이 없는 적금을 활용하거나, 제한이 있어도 납입금액의 규모가 큰 적금을 선택해야 한다.

2. 선납이연 활용

적금을 예금처럼 활용하는 두 번째 방법은 선납이연 제도를 활용하는 것이다. 선납이란 적금의 납입 예정일보다 미리 돈을 납입하는 것이고, 이연은 납입을 못 할 시 만기 예정일이 뒤로 밀리는 것을 말한다. 선납이연을 활용하면 미리 또는 나중에 돈을 납입할 수 있어 적금 상품을 좀 더 효율적으로 활용할 수 있다. 예를 들어 1년 적금의 경우 12번의 납입 횟수를 채워야 하는 경우가 대부분인데, 1회차만 납입하고 이후에 납입을 안 하게 되면 적금이 만기가 되지 않는다. 그런데 선납이연이 가능한 적금 상품은 1회차를 납입한 후 곧바로 2회차부터 6회차까지 한꺼번에 적금을 납입하는 방식으로 6개월치 액수를 12개월 동안 굴려 적금의 예금화 효과를 누릴 수 있다. 물론 6회차만 납입하면 적금이 만기가 되지 않기 때문에 7회차를 납입하는 날에 7회차를 한 번 납입하고, 만기 바로 전날에 나머지 5개월치를 납입하는 방식으로 만기금을 제때 수령할 수 있다. 이렇게 납입하는 이유는 선납일과 이연일이 대등하게 맞아떨어져야 하기 때문이다.

돈을 늦게 납입해서 생기는 '이연일수'만큼 만기가 늦어지는 것은 이해했을 것이다. 그런데 반대로 미리 납입해서 생기는 '선납일수'만큼 만기를 빠르게 앞당길 수 있기 때문에 선납일과 이연일을 동일하게 맞추면 만기일에는 아무런 영향이 없게 된다. 예를 들어 내가 매달 5일에 적금에 돈을 입금해야 하는데 25일에 입금했다고 가정해보자. 그러면 해당 적금 계좌는 20일의 지연일수가 생겨 만기가 20일 늦어지게 된다. 그러나 만일 그다음 회차에서 평소보다 20일 빨리 납입하게 되면 만기일은 다시 20일 빨라져 정상적으로 돌아오게 되는 것이다.

물론 반드시 선납일과 이연일을 동일하게 맞출 필요는 없다. 복잡하게 느껴지겠지만 선납이연 활용 예시 도표를 보면 이해가 쉬울 것이다. 6개월 치를 1회차 때 선납하고, 7회차 때는 원래 납입일에 맞춰 돈을 넣는다. 이후 남은 8회차부터 12회차는 만기 전날에 넣어주면 된다. 선납일과 지연일을 모두 합하면 '+3'이므로, 나의 실제 만기일은 1월 1일이 아닌 1월 4일이 되는 것이다.

선납이연을 활용하면 이자 면에서는 큰 장점이 없다. 왜냐하면 미리 납입한 6개월치는 예금처럼 이자를 12개월 동안 받을 수 있지만, 만기 전날에 납입한 5개월치는 하루치 이자만 받게 되기 때문이다. 결과적으로 일반 적금과 이자액은 큰 차이가 없

회차	납입일	실제 납입일	선납이연
1	1월 1일	1월 1일	0
2	2월 1일	1월 1일	-31
3	3월 1일	1월 1일	-59
4	4월 1일	1월 1일	-90
5	5월 1일	1월 1일	-120
6	6월 1일	1월 1일	-151
7	7월 1일	7월 1일	0
8	8월 1일	12월 31일	152
9	9월 1일	12월 31일	121
10	10월 1일	12월 31일	91
11	11월 1일	12월 31일	60
12	12월 1일	12월 31일	30
예정 만기일		2022년 1월 1일	
실제 만기일		2022년 1월 4일	

다. 그럼 도대체 왜 선납이연을 활용하는 것일까? 선납이연을 활용하는 이유는 1년 적금의 경우 6개월치 목돈만 가지고 예금의 효과를 누릴 수 있고, 나머지 5개월치 적금액은 하루만 적금 통장에 넣으면 되기 때문이다. 결국 12개월치 돈이 적금 통장

에 묶여 있는 것이 아니라 6개월치 목돈만 갖고 1년 예금처럼 활용하는 셈이니 여분의 돈을 다른 곳에 활용할 수 있다.

필자 역시 과거 종잣돈을 모으기 위해 선납이연 제도를 활용한 적이 있다. 그중 이자율 4.8% 3년 적금을 이용해 굉장한 목돈을 만들었던 경험이 가장 기억에 남는다. 수협에서 월 납입금액 제한이 없는 4.8% 이율의 적금과 3% 이율의 예금을 특판한 적이 있었다. 이때 여유자금으로 2천만 원 정도가 있었는데, 필자는 2천만 원을 예금에 다 넣지 않고 3년 적금의 선납이연 제도를 활용했다. 따로 납입금액 제한이 없었기 때문에 월 100만 원씩 납입하는 3년 적금 계좌를 개설할 수 있었고, 선납이연 제도를 활용해 최대 이자(세후 228만 원)를 수령할 수 있었다. 만일 2천만 원의 목돈을 그대로 3% 예금에 넣었다면 세후 이자는 약 152만 원에 불과했을 것이다.

✢✢✢

적금은 만기가 되면
바로 찾아야 한다

참고로 적금은 만기가 되면 그 날 바로 찾아야 한다. 적금의 이자율은 오직 만기 때까지만 유지되기 때문인데, 만기 다음 날부터는 아주 낮은 금리가 적용되어 손해를 볼 수 있다. 직접 은행을 찾아가거나, 인터넷뱅킹으로 찾아가거나, 자동 해지 서비스를 신청해두면 된다. 자동 재예치 서비스를 제공하는 상품도 있으니 꼼꼼히 챙기기 바란다.

세테크
지식 쌓기

    세테크라는 말을 들어보았는가? 세테크는 세금과 재테크를 합친 용어로 합법적으로 세금을 줄여 자산을 보호하거나 증식하는 방식을 말한다. 흔히 '버는 돈도 얼마 없는데 무슨 세테크야?'라고 생각하며 세금 관리를 남의 일처럼 여기는 경우가 많다. 그러나 세금은 언제나 우리와 밀접하게 연결되어 있으며 조금만 관심 있게 들여다보면 활용할 수 있는 세테크 방법은 다양하다. 예를 들어 영수증을 보면 부가세가 붙어 있고, 급여명세서에도 이런저런 세금이 공제되어 있는 것을 본 적이 있을 것이다. 누구나 알게 모르게 세금을 납부하고 있으며, 이렇게 납부한 세금을 정산받기 위해 매년 하는 것이 바로 연말정산이다. 하다못해 주택청약종합저축, 연금저축보험에 가입해 연말정산 시 세금을 더 많이 돌려받는 것도 일종의 세테크다.

✦✦✦
저축과 세금,
두 마리 토끼 잡기

세금을 아주 조금이라도 더 줄일 수 있다면 돈을 모으고 자산을 형성하는 데 큰 도움이 될 것이다. 그래서 이번에는 저축도 하면서 세금도 아낄 수 있는 방법을 소개하고자 한다. 먼저 세테크의 개념을 이해하기 위해서는 종합소득세율과 소득공제, 세액공제를 이해해야 한다.

많이 버는 사람이 세금을 더 많이 내는 것은 당연한 이치다. 이에 따라 우리나라는 연소득을 기준으로 세율과 누진공제액을 정해놓았다. 종합소득세율표를 보면 소득이 늘어날수록 세율이 급격히 높아짐을 확인할 수 있다. 이때 소득을 줄여 세율 구간을 낮추는 것이 소득공제이며, 이미 계산된 세금 자체를 줄이는 것이 세액공제다. 우리나라는 특이하게도 과세표준금액에 세율이 그대로 적용되는 것이 아니라 구간별로 다르게 적용된다. 예

과세표준	산출세액	
	초과누진방식	누진공제방식
1,200만 원 이하	과세표준×6%	과세표준×6%
1,200만 원 초과 4,600만 원 이하	72만 원+1,200만 원 초과액×15%	과세표준×15%-108만 원
4,600만 원 초과 8,800만 원 이하	582만 원+4,600만 원 초과액×24%	과세표준×24%-522만 원
8,800만 원 초과 1억 5천만 원 이하	1,590만 원+8,800만 원 초과액×35%	과세표준×35%-1,490만 원
1억 5천만 원 초과 3억 원 이하	3,760만 원+1억 5천만 원 초과액×38%	과세표준×38%-1,940만 원
3억 원 초과 5억 원 이하	9,460만 원+3억 원 초과액×40%	과세표준×40%-2,540만 원
5억 원 초과	1억 7,460만 원+5억 원 초과액×42%	과세표준×42%-3,540만 원

를 들어 연소득 4,600만 원인 사람은 1,200만 원 초과 4,600만 원 이하 구간에 해당된다. 따라서 연소득 4,600만 원에 세율 15%가 적용되는 것이 아니라 1,200만 원까지는 세율 6%가 적용되고, 1,200만 원 초과액부터 4,600만 원까지는 세율 15%가 적용된다.

이처럼 소득이 높으면 높은 세율을 적용받아 세금이 많아진

항목	내용
주택청약종합저축	연 납입액(최대 240만 원 한도) 40% 소득공제. 급여 7천만 원 이하 무주택 세대주 근로자 대상
청년우대형 주택청약종합저축	기존 주택청약종합저축 혜택+금리 우대 및 이자 소득 비과세(500만 원 한도)
연금저축보험	연 400만 원까지 최대 16.5% 세액공제(총급여 5,500만 원 초과 시 13.2%). 최소 5년 이상 납입 후 55세 이후 10년 이상 수령 조건
ISA	일반형 200만 원, 서민형 400만 원까지 비과세

보편적인 세테크 상품

다. 하지만 소득공제를 받으면 소득금액이 줄어들어 세금을 적게 낼 수 있다. 쉽게 말해 소득을 공제해 세율을 낮추는 것이 소득공제다. 세액 자체를 줄여주는 세액공제는 소득공제에 비해 매우 간단하다. 세금을 80만 원 내야 하는 사람이 있는데 10% 세액공제가 되는 상품에 100만 원을 납입했다고 가정해보자. 그럼 100만 원의 10%인 10만 원을 공제받아 70만 원만 세금을 납부하면 된다.

1. 주택청약종합저축

가장 보편적은 세테크 방법은 주택청약통장을 이용하는 것이다. 다른 말로 주택청약종합저축이라고 하는데, 연봉 7천만 원 이하의 주택을 소유하지 않은 근로자는 연 납입액의 40%를 소득공제 받을 수 있다. 소득공제이기 때문에 적용받는 세율을 낮출 수 있다. 만약 연소득이 5,500만 원인 사람이 있다고 가정해보자. 이것저것 820만 원가량을 소득공제 받아 연소득이 4,680만 원으로 잡혀도 최대 과세 세율 24%를 적용받는다. 하지만 만약 주택청약통장에 가입해 240만 원을 납입했다면 추가로 96만 원을 공제받을 수 있어 연소득이 4,584만 원으로 떨어지게 된다. 이 경우 24%였던 최대 과세 세율은 15%로 낮아진다. 참고로 주택청약통장은 5년 이내로 해지하거나 국민주택 규모를 초과한 주택에 당첨 시 소득공제를 받은 공제금의 6%가 추징된다. 국민주택 규모는 수도권은 전용면적 85m², 수도권 이외 지역은 100m² 이하를 뜻한다. 하지만 추징되는 금액은 100%가 아니라 6%이기 때문에 주택청약통장은 청약뿐만 아니라 세테크까지 동시에 노릴 수 있는 아주 좋은 통장이다

2. 청년우대형 주택청약종합저축

청년우대형 주택청약종합저축, 즉 청년우대형 주택청약통장은 기존의 주택청약종합저축과 기본적인 혜택은 동일하다. 단 이자가 좀 더 높게 적용된다는 장점이 있다. 또한 연소득 3천만 원 이하의 근로자일 경우 가입 기간 2년 이상 시 최대

10년의 이자 소득에 대해 500만 원까지 비과세를 적용받는다. 가입 대상자라면 필히 가입하는 것이 좋다.

3. 연금저축보험

연금저축보험은 연간 400만 원 한도에서 세액공제가 된다. 연봉 5,500만 원 미만의 근로자는 16.5%, 연봉 5,500만 원 이상의 근로자는 13.2% 공제된다. 만약 연소득 8천만 원의 근로자가 각종 공제를 받고 산출된 세금이 300만 원이라고 가정해 보자. 이 경우 연금저축보험을 400만 원에 맞춰 납입하면 약 53만 원의 세금을 절약할 수 있다. 주의할 점은 연금저축보험은 일시금으로 수령하는 것이 아니라 10년 이상 나눠서 수령해야 하고, 연금을 수령할 때는 5.5%의 연금소득세를 내야 한다는 점이다. 즉 연금저축보험은 '선공제 후과세' 제도인 것이다. 하지만 세율이 5.5%로 높은 편은 아니며, 연금으로 노후도 준비하고 세액도 공제할 수 있어 장점이 더 많다.

4. ISA

개인종합자산관리계좌 ISA는 연 2천만 원 한도 내에서 다양한 상품에 동시에 투자할 수 있는 계좌로, 국민들의 자산 형성과 노후 대비를 위한 취지로 2016년에 출시되었다. 세제 혜택을 받기 위해서는 최소 3년간 유지해야 하며, 유지 기간 동안 발생한 순수익에 대해 세금 혜택을 받을 수 있다. ISA는 일반형과 서민형으로 나뉘는데, 연소득 5천만 원 이하 근로자나 연소득 3,500만 원 이하 사업자는 서민형 ISA에 가입할 수 있다. 일반형 ISA는 200만 원, 서민형 ISA는 400만 원까지 비과세다.

소개한 네 가지 금융상품도 좋지만 역시 가장 기본은 체크카드와 신용카드를 적절히 섞어 사용하는 것이다. 흔히 체크카드를 많이 사용하는 것이 저축에 유리하다는 말을 들어봤을 것이다. 하지만 이를 꼭 지켜야 하는 것은 아니다. 나에게 유리한 것이 무엇인지 잘 따져보고 신용카드 사용량을 조율할 필요가 있다. 왜냐하면 체크카드보다는 신용카드의 혜택이 훨씬 좋기 때문이다. 보통 액수로 따지면 체크카드보다 신용카드가 2% 정도 혜택이 있다고 한다.

소득공제를 받기 위해서는 카드 사용액이 연소득의 25%를 넘어야 한다. 예를 들어 연소득이 4,500만 원이라면 25%에 해당하는 1,125만 원까지는 소득공제가 적용되지 않으므로 혜택이 나은 신용카드를 쓰고, 초과액부터는 공제율이 높은 체크카드를 사용하는 것이 절세 면에서 유리하다. 연소득이 4,500만 원이고 연간 카드 사용액이 2,500만 원이라고 가정해보자. 이

2,500만 원을 전부 신용카드로 소비하면 공제액은 206만 원에 불과한 반면, 1,125만 원까지 신용카드로 사용하고 나머지 1,375만 원을 체크카드로 쓰면 공제액은 412만 원까지 늘어난다. 캐쉬백 등 신용카드의 다른 혜택은 덤이다.

　따라서 우선 자신의 연간 카드 사용액을 파악하는 것이 먼저다. 혜택이 좋은 신용카드와 공제율이 높은 체크카드를 적절히 조합해 사용하면 효율적으로 세금을 줄일 수 있다. 참고로 통신비와 아파트 관리비는 소득공제에서 제외되고, 전통시장과 병원에서 쓴 돈은 소득공제율이 다르니 따로 확인하기 바란다. 또한 맞벌이 가구라면 소득 구간이 높은 사람에게 먼저 카드 사용액을 몰아주는 것이 세테크에 도움이 된다.

상호금융과 상호부금

　상호금융의 세금 우대와 배당금 제도도 반드시 챙겨야 한다. 상호금융은 새마을금고, 농협, 축협, 수협, 신협을 일컫는다. 즉 조합원으로부터 자금을 받아 운용되는 금융협동조합을 말한다. 2019년 이전에 조합원으로 등록이 되었다면 거주하는 동네의 상호부금에서 이자소득세 전체에 대해 비과세 혜택이 적용되지만, 2020년 이후 가입자는 9%(이자소득세 9%+농특세 1.4%=10.4%)를 적용받는다. 그러나 시중은행의 14%(이자소득세 14%+지방세 1.4%=15.4%)보다는 적어 여전히 매력적이다. 참고로 농협은행과 상호금융 농협은 다른 은행이다. 전자는 제1금융권으로 이자소득세를 14% 징수하지만 후자는 지역에서 운영하는 제2금융권으로 9%의 이자소득세만 징수한다. 확실하게 구분하는 방법은 농협 홈페이지에서 확인할 수 있다.

상호금융의 세금 우대 혜택을 받기 위해서는 일단 조합원으로 등록되어야 한다. 지점마다 다르지만 조합원이 되기 위해서는 보통 1만~5만 원가량의 출자금이 소요된다. 출자금은 예금자 보호 대상이 아니지만 출자금에 따라 배당 수익을 얻을 수 있다는 장점이 있다. 예를 들어 2019년 새마을금고의 평균 배당률은 3% 이상이었고, 필자의 동네 신협은 무려 5%가 넘었다. 세금 우대를 받을 수 있는 최대 한도인 1천만 원을 출자하고 배당 소득을 누리는 것도 세테크의 한 방법이 될 수 있다.

상호부금도 세테크를 할 수 있는 좋은 방법 중 하나다. 상호부금은 쉽게 예금이라 생각하면 되는데, 마찬가지로 2019년 이전에 가입한 조합원은 300만 원 한도 내에서 비과세 혜택을 받을 수 있었다. 2020년 이후 가입자는 농특세를 포함해 9.5%의

2030 파이어족을 위한 밍키언니의 돈 계획

세금이 적용되지만 시중은행의 15.4% 세율보다는 낮아 절세 면에서 유리하다. 이는 적금에도 똑같이 적용된다. 상호부금의 이율을 조회하는 방법은 마이뱅크라는 사이트를 활용하는 것이다(마이뱅크의 구체적인 활용법은 후술하겠다). 상호부금은 각 지점마다 이율도, 배당금도 다 다르다. 시중은행과 달리 각 지점이 따로 독립된 회사이기 때문이다. 그래서 마이뱅크에서 지점별 이율을 꼭 조사해야 하는 번거로움이 있다.

상호부금도 5천만 원까지 예금자 보호가 되기 때문에 안심해도 된다. 차이점은 시중은행과 저축은행처럼 예금보험공사에서 보장하는 것이 아니라 각 금융회사의 예금자 보호 제도를 활용한다는 것이다. 시중은행에 비해 어느 정도 리스크가 있는 셈이지만 부실 여부를 잘 파악하고 활용하면 세금 우대 혜택을 많이 받을 수 있다.

참고로 만 65세 이상 고령자나 국가유공자라면 최대 3천만 원까지 이자소득세 14%를 전액 면제해주는 제도도 활용 가능하다. 이 제도는 모든 은행을 통틀어서 1회만 적용되니 잘 따져보고 참고하기 바란다.

보험 똑똑하게
가입하기

2021년 5월, 한국은행 금융통화위원회는 0.5%로 기준금리를 동결했다. 미국의 기준금리 역시 0.25% 수준에 불과하다. 잠깐 0.5%p 내외로 올라갈 수는 있어도 앞으로 큰 상승은 기대하기 어려운 현실이다. 극단적인 사례지만 향후 우리나라도 초저금리 시대를 넘어 일본처럼 은행에 돈을 맡기면 오히려 수수료를 내야 하는 마이너스금리 시대에 접어들지 모른다.

따라서 최저보증이율이 명시되어 있거나 확정금리를 보증해주는 저축성보험을 재테크에 활용할 필요가 있다. 그러나 어떤 보험이든 무조건 10년 이상 유지해야 한다는 것을 명심해야

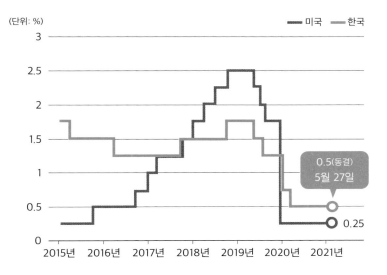

(단위: %) ━ 미국 ━ 한국

3

2.5

2

1.5

1

0.5

0

2015년 2016년 2017년 2018년 2019년 2020년 2021년

0.5(동결)
5월 27일

0.25

자료: <아시아경제>

한다. 10년을 유지하지 못하면 이자를 적게 받는 수준이 아니라 내가 낸 원금까지 까먹는 일이 벌어질 수 있기 때문이다. 또한 10년 이상 유지하면 비과세 혜택도 얻을 수 있어 잘만 활용하면 재테크와 세테크 두 마리 토끼를 잡을 수 있다.

저축성보험이란 저축의 기능과 보험의 보장 기능을 결합시킨 상품으로, 은행에 저축하듯 일정 기간 동안 보험사에 일정 금액을 납입하면 만기 시 이자가 합산되어 지급되는 상품이다. 대표적인 예로 변액보험과 종신보험이 있다. 저축성보험은 보험의 기능이 들어 있어 은행 예적금에는 없는 사업비라는 것이 존재한다. 내가 낸 돈에서 일정 부분을 보험사에서 사업비로 떼어 가는데, 예를 들어 10만 원을 납입하면 사업비 2만 원을 떼어 가고 8만 원만 저축으로 적립되는 식이다. 바로 이 사업비 때문에 원금 회복의 시점이 보통 10년 정도 소요된다. 생각해보면 내가 낸 돈을 다 적립해주지 않고 일부분 떼고 적립해준다는 게 굉장히 신경 쓰이는 문제다. 그래서 저축성보험에 가입할 때는 보장은 어디까지 가능한지, 원금 회복까지는 최소 몇 년이 소요되는지 등을 꼼꼼히 따져봐야 한다.

저축성보험 중 변액보험은 펀드와 채권에 분산 투자해 수익을 내고, 만기 시 수익률에 따라 만기 수령금이 달라지는 상품이다. 즉 납입금액에서 사업비를 떼고 남은 나머지 적립금을 투자에 활용해 수익률에 따라 만기 수령금이 적어질 수도 많아질 수도 있다. 가입 시 안내하는 만기 수령금은 실제 수령금이 아니라 가입 시점의 수익률을 기준으로 계산되기 때문에 꼼꼼히 따져봐야 한다. 하지만 안타깝게도 보험에 대한 이해가 부족해 많은 사람이 변액보험을 적금처럼 생각하고 납입하곤 한다. 실제로 만기 수령금이 기대에 못 미치는 경우가 많아 개인적으로는 변액보험을 추천하지 않는 편이다.

물론 변액보험도 잘 활용하면 기대 이상의 수익을 얻을 수 있다. 변액보험은 일반 펀드와 달리 한 상품 내에 여러 펀드가 있어서 시장 상황에 맞게 계속 갈아탈 수 있다. 즉 포트폴리오를 적절히 구성하면 예상 만기 수령금을 상회하는 수익을 올릴 수 있다. 펀드 변경은 1년에 최소 4회에서 12회까지는 무료이거나, 2천 원 이하의 수수료로 가능하다. 또한 대부분의 변액보험 상품은 월 납입료의 200%까지 추가로 납입할 수 있다. 매달 불입해야 하는 금액을 낮춰 계약한 뒤 추가 납입을 적극적으로 이용하는 것이 수익률에 유리한데, 보장은 계약금액 기준이기 때문에 어느 정도 규모로 가입하는 게 유리한지 잘 따져봐야 한다.

또 다른 저축성보험으로는 종신보험이 있다, 종신보험은 피보험자가 사망했을 때 사망보험금이 나오는 보험으로, 저축도 하고 사망보험금도 마련하는 용도로 많이 활용된다. 하지만 종신보험은 사업비가 많기로 유명해 주의가 필요하다. 사업비를 줄이고 싶다면 최저보증이율을 보장하는 보험, 무해지 또는 저해지 보험, 확정금리를 제공하는 보험을 활용하면 된다. 최저보증이율 제도는 금리가 변동되더라도 2%면 2%, 3%면 3% 명시된 이율만큼 이자를 제공하는 것이다. 예를 들어 최저보증이율이 2%라면 금리가 2% 이하로 떨어지더라도 2% 이율이 보장된다. 무해지 또는 저해지 보험이란 10년 동안 해지를 하지 않는다는 약속을 전제로 사업비를 덜 가져가거나 보험료를 깎아 주는 보험을 말한다. 사업비가 적어지고 적립액이 많아지는 만큼 중도해지 시 기존 보험보다 환급금이 매우 적으니 소액으로 준비하는 것이 좋다. 마지막으로 확정금리란 가입 시 제시한 만기 수령금을 만기 시 그대로 수령할 수 있는 제도다.

✦✦✦

저축성보험은
투자가 아니다

저축성보험에서 손해를 보는 경우가 많은 이유는 바로 중도해지 때문이다. 10년이라는 기간은 결코 짧은 기간이 아니다. 중간에 목돈이 필요해 해지하게 되면 원금의 반도 못 받는 경우가 비일비재하다. 따라서 저축성보험은 무리하지 않는 수준에서 아주 소액으로 가입하고, 나중에 여유가 될 때 추가 납입하는 것이 좋다.

최소 10년 이상 납입하지 않으면 손해를 본다는 점 때문에 저축성보험 자체를 꺼리는 사람들이 많다. 그런데 '강남 부자'들은 저축성 보험에 많이 가입한다고 한다. 심지어 종신보험 가입률 1위 지역이 바로 강남구다. 왜 그런 것일까? 그들은 저축보험을 해지 하지 않아도 될 만큼 여유가 있기 때문이다. 강남 부자들은 수익률은 높지 않지만 10년 이상 안전하게 저축할 수 있고, 환급률이 높다는 점 때문에 만기가 지나도 곧바로 해지하지 않는다.

저축성보험은 다른 투자 상품과는 다르다. 따라서 저축성보험에 가입할 때는 반드시 꼼꼼히 따져보고 가입해야 한다. 최저보증이율을 보장하든, 무해지 또는 저해지 보험이든, 확정금리를 제공하든 목적에 맞게 가입하는 것이 가장 중요하다. 그리고 반드시 만기 완주를 목표로 해야 한다.

✦✦✦
'보험가격지수'
확인하기

참고로 보험도 가성비를 따질 수 있는 방법이 있다. 바로 보험가격지수다. 가성비가 좋다는 건 보험료를 따졌을 때 사업비의 비율이 낮은 보험을 뜻한다. 보험가격지수는 100을 기준으로 해당 보험의 보험료가 업계 평균 대비 얼마나 높거나 낮은지 알려준다. 100보다 높으면 평균보다 비싸고, 100보다 낮으면 평균보다 저렴하다고 이해하면 쉽다. 보장 범위가 같다면 보험가격지수 120보다는 보험가격지수가 90인 상품을 고르는 게 낫다. 보험가격지수는 생명보험협회(www.klia.or.kr)와 손해보험협회(www.knia.or.kr)에서 확인할 수 있다.

파인과 마이뱅크
활용하기

금융소비자 정보포털 파인의 메뉴 화면

금융소비자 정보포털 파인에는 예적금 상품 조회 외에도 유용한 기능이 많다. 각 은행에 흩어져 있는 통장을 모두 조회해 볼 수 있는 '잠자는 내 돈 찾기' 기능도 있고, 흩어져 있는 보험들도 '내 보험 다 보여'에서 한 번에 조회가 가능하다. 실제로 필자의 경우 부모님께서 가입한 보험이 있었는데, 관리 부실로 증권도 사라지고 무슨 보험인지 까먹은 상품이 있었다. 그런데 파인의 '내 보험 다 보여' 기능을 통해 해당 보험을 조회할 수 있었고, 해당 보험사에 연락해 증권도 새로 받고 보장도 잘 챙기고 있다. 또한 '금융 꿀팁 200선'에서 금융감독원이 제공하는 객관적이고 유용한 재테크 정보도 찾아볼 수 있다.

앞서 마이뱅크(www.mibank.me)를 이용하면 상호금융의 예적금 이율을 조회할 수 있다고 이야기했다. 상호금융은 특판 예적금을 자주 내놓기 때문에 마이뱅크를 틈틈이 이용하면 고이율 상품을 쉽게 찾을 수 있다. 방법은 간단하다. 마이뱅크 사이트에 접속해 '금리 비교' 메뉴를 누른 다음 '정기예금' '정기적금' '자유적립' '상호부금' 중 원하는 메뉴에 들어가면 된다. 새마을금고와 신협의 정보도 따로 제공하고 있다.

이처럼 마이뱅크를 이용해 특판 예적금을 쇼핑하면 고이율의 기쁨을 누릴 수 있다. 실제로 필자는 마이뱅크를 통해 2021년 초를 기준으로 7%의 적금을 발견했으며, 2019년에만 4% 예금

마이뱅크의 상호금융 금리 비교 화면

2개, 5% 적금 4개를 찾아 가입했다.

  예적금으로 부자가 될 수 없다고 생각하는가? 물론 은행에 돈을 맡긴다고 해서 당장 부자가 될 수 있는 것은 아니다. 하지만 부자가 되기 위한 발판을 마련하기 위해서는 파인, 마이뱅크와 친해져야 한다.

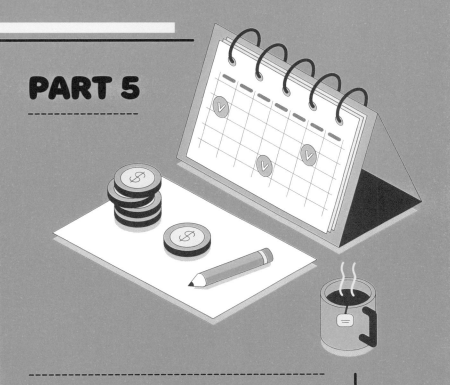

PART 5

투자 없이는
부자도 없다 ①

"진정 부유해지고 싶다면 소유하고 있는 돈이
돈을 벌어다 줄 수 있도록 하라."

_존 록펠러(John Rockefeller)

성향에 맞는
투자 전략 세우기

　재테크 전략을 숙지하고 돈 계획을 세워 종잣돈을 체계적으로 잘 모았다면 이제 본격적으로 모은 돈을 굴릴 차례다. 불과 수십 년 전까지만 해도 저축만으로도 큰 부자는 아닐지라도 중산층 이상의 부자가 될 수 있었다. 하지만 이제 저축만으로 부자가 될 수 있는 시대는 끝났다. 매년 2% 내외로 오르는 물가상승률을 고려하면 은행 예적금만으로는 한계가 있다. 화폐가치가 떨어지고, 물가가 오르는 상황에서 투자를 하지 않는다는 건 손해를 자처하는 것과 같다. 즉 투자 없는 재테크는 반쪽짜리 재테크에 불과하다.

예를 들어 20년 전에 1천만 원을 벌어 그대로 갖고 있었다고 가정해보자. 20년이 지난 지금, 그때의 1천만 원과 지금의 1천만 원은 명목상으로는 같은 1천만 원이지만 20년 전 실질 가치와 비교해보면 훨씬 적은 돈이다. 한국은행이 발표한 소비자 물가지수를 고려해 계산하면 20년 동안 평균 2.6%씩 물가가 올랐으므로, 지금의 1천만 원은 20년 전 570만 원에 불과하다. 명목상 갖고 있는 돈은 1천만 원이지만 화폐가치 측면에서는 430만 원이 사라진 셈이다. 반면 1천만 원을 투자에 활용해 매년 5%의 수익률을 냈다고 가정하면 10년이면 1,500만 원이 된다. 수익률이 10%면 2천만 원, 20%면 3천만 원이다. 따라서 어느 정도 종잣돈이 모이면 이제 은행은 안전자산을 비축해두는 수단으로만 활용하고 투자를 시작해야 한다.

투자 방향
설계하기

저축과 투자의 비율은 자신의 투자 성향에 따라 달라진다. 그래서 투자를 시작하기 전에 나의 투자 성향부터 점검해볼 필요가 있다.

투자 성향 테스트

질문	답변
연령대	·61세 이상(3.1점) ·51~60세(6.2점) ·41~50세(9.3점) ·20~40세(12.5점) ·19세 이하(12.5점)
투자 가능 기간	·6개월 미만(3.1점) ·6개월~1년 미만(6.2점) ·1년 이상~2년 미만(9.3점) ·2년 이상~3년 미만(12.5점) ·3년 이상(15.6점)
투자 경험	·은행 예적금, 국채, 지방채, 보증채, CMA, MMF(3.1점) ·금융채, 채권형펀드, 원금보장형 ELS, 채권형펀드 신용도 상위 회사채(6.2점) ·원금부분보장형 ELS, 혼합형펀드, 신용도 중급 회사채(9.3점) ·주식, 원금비보장형 ELS, 인덱스펀드, 신용도 낮은 회사채(12.5점) ·ELW, 선물옵션, 일반주식형펀드, 파생상품펀드, 주식신용거래(15.6점)
투자 지식	·투자 결정을 스스로 내려본 적 없음(3.1점) ·주식과 채권의 차이를 구별할 수 있을 정도(6.2점) ·투자할 수 있는 대부분의 금융상품을 이해(9.3점) ·금융상품을 포함한 모든 투자 대상 이해(12.5점)
총자산 대비 금융자산 비중	·40~50%(3.1점) ·30~40%(6.2점) ·20~30%(9.3점) ·10~20%(12.5점) ·10% 이하(15.6점)
주요 수입원	·일정한 수입이 없으며 연금이 주 수입원임(3.1점) ·일정한 수입이 있으나 향후 감소 또는 불안정할 것으로 예상(6.2점) ·일정한 수입이 있고 향후 유지 또는 증가할 것으로 예상(9.3점)
손실 감내 여부	·무슨 일이 있어도 원금 보전(-6.2점) ·10% 미만의 최소한의 손실 감수(6.2점) ·20% 미만의 일부 손실 감수(12.5점) ·기대수익률이 높다면 위험 수준 무관(18.7점)

자료: 신한은행

투자 성향 결과표

점수	성향	특징
20점 이하	안정형	은행 예금 수준의 수익률을 기대하며 안전한 투자를 최우선으로 함
21~40점	안정추구형	어느 정도 위험은 감수하지만 원금 손실 위험은 최소화하고자 함
41~60점	위험중립형	은행 예금보다 높은 수익을 기대하고 일정 수준의 손실을 감수함
61~80점	적극투자형	원금 보전보다는 위험이 있더라도 높은 수익을 추구함
80점 초과	공격투자형	높은 리스크를 감수하고 높은 수익을 추구함

우리나라 사람들은 대부분 안정추구형과 위험중립형에 속한다고 한다. 투자 성향 결과는 좋고 나쁨이 없다. 안정형에 속한 사람도 있을 것이고, 공격투자형에 속한 사람도 있을 것이다. 중요한 것은 투자 성향의 특징을 파악하고, 강점을 부각하고 단점을 보완하는 자세다. 예를 들어 공격투자형인 사람은 높은 리스크를 감수하고 고수익을 추구하는 경우가 많다. 따라서 투자상품을 선택할 때 너무 무리한 리스크를 감수하려는 건 아닌지 세심하게 살필 필요가 있다. 반대로 안정형인 사람은 소액으로라도 조금씩 투자 경험을 넓혀 점차 영역을 넓히려는 시도

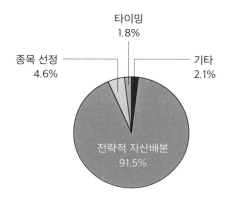

포트폴리오 성과 결정요인

타이밍
1.8%

종목 선정
4.6%

기타
2.1%

전략적 자산배분
91.5%

자료: Gray Brinson 외(1991), 'Determinants of Portfolio Performance II: An Update'

를 고려해볼 수 있다. 즉 내가 속한 투자 성향의 장단점을 두루
살피고 점검해보는 것이 나의 투자 성향을 파악하려는 이유다.

리스크를 줄이고 투자 성과도 내고 싶다면 자산배분을 잘해
야 한다. 자산배분을 통해 투자 리스크뿐만 아니라 스트레스도
줄일 수 있다. 실제로 자산배분을 한 사람이 투자 성과도 더 잘
나온다는 연구 결과도 있다. 포트폴리오 성과를 결정 짓는 요인
에 대한 연구 논문에 따르면 포트폴리오의 수익률에 가장 큰 영
향을 미치는 요인은 '전략적 자산배분(91.5%)'이었다. 흔히 가
장 중시하는 '종목 선정'과 '타이밍'이 수익률에 미치는 영향력
은 각각 4.6%, 1.8%에 불과했다. 즉 자산배분 측면에서 뭉치면

죽고 흩어지면 사는 셈이다.

미국의 투자이론가 윌리엄 번스타인은 "누구도 시장 타이밍 (market timing)을 알 수 없고, 종목 고르기(stock picking)는 장기적으로 거의 불가능하다. 성공 투자의 핵심은 다양한 자산군의 일관된 자산배분 전략에 있다."라고 말했다. 그만큼 투자에 있어 자산배분의 중요성을 매우 강조한 것이다.

자산배분을 해야 하는 이유에 대해 좀 더 구체적으로 알아보자. 약 1억 원의 현금자산이 있는 A와 B가 있다고 가정해보자. A는 안전자산에 8천만 원, 투자자산에 2천만 원을 배분했고, B는 안전자산에 2천만 원, 투자자산에 8천만 원을 배분했다. 이때 주가 하락으로 주가지수가 20% 하락하면 A는 주식에 투자한 자금 2천만 원에서 400만 원 손해를 보게 되지만 안전자산 8천만 원 때문에 리스크에 대한 불안 심리를 줄일 수 있다. 반면 B는 주식에 투자한 자금 8천만 원에서 1,600만 원을 손해보고, 동시에 안전자산이 2천만 원밖에 되지 않아 투자 손실에 대한 불안감이 클 것이다. 투자 손실에 대한 불안이 커지면 잘못된 판단을 내릴 확률도 높아진다. 상황을 명확하게 판단하지 못하고 적정 시기가 아닌 너무 이르거나 너무 늦은 시기에 투자금을 회수할 가능성이 높다. 그래서 성공적인 투자를 위해서라도 자산배분은 꼭 필요하다.

투자 비율은
조금씩 늘려야

그럼 자산은 어떻게 배분하는 것이 좋을까? 종잣돈이 적은 시기, 즉 저축을 막 시작한 단계에서는 안전자산 70%, 투자자산 30%의 비율로 안전자산에 집중하는 편이 낫다. 이후 조금씩 투자 비율을 늘려가면 된다. 종잣돈이 어느 정도 모인 단계에서는 투자 성향에 따라 안전자산을 20~40%로 조절하고 투자자산의 비율을 60~80%로 조절하는 것이 좋다.

투자자산 내에서도 저위험 투자자산과 고위험 투자자산의 비율을 조절해야 한다. 예를 들어 안정추구형인 사람은 투자자산을 저위험 투자자산에 80%, 고위험 투자투자산에 20% 비율로 나눠 투자하면 된다. 공격투자형이라면 반대로 저위험 투자자산에 20%, 고위험 투자자산 80% 비율로 설정하는 것이 좋다. 이후 현금자산의 규모가 커지면 고위험 투자자산보다는 저위험 투자자산에 대한 투자 비율을 늘려 최대한 손해를 방지하는 '방어투자'를 권한다. 기준은 사람마다 다르겠지만 예를 들어 현금자산 10억 원을 목표로 투자를 시작했다면, 10억 원을 넘은 시점부터는 저위험 투자자산에 대한 비율을 늘리는 것이다. 이렇게 나의 투자 성향과 자산 규모에 따라 자산배분을 달리하는 것을 투자 포트폴리오라고 한다. 포트폴리오를 세우면 자연스럽게 분산투자를 할 수 있고, 하락장에서도 큰 손실을 면할 수 있다.

하지만 저축까지는 쉬웠는데 막상 투자를 시작하려니 어떻게 해야 할지 모르겠고, 이런저런 고민이 깊어질 것이다. 너무 불안해할 필요는 없다. 제대로 된 투자를 경험해본 적이 없다면 당연히 시행착오를 겪을 수밖에 없고, 필자 또한 20대 때 비슷한 고충을 겪었다. 필자처럼 소위 '그릇'이 크지 못해 안정을 추구하는 사람이라면 더더욱 고민이 깊을 것이다. 수년간 간신히 노력해서 모은 종잣돈 1억 원을 손실의 위험을 무릅쓰고 투자에 활용하려면 큰 결심이 필요하다. 특히 우리나라 사람들은 안전추구형인 경우가 많아 선뜻 투자에 나서지 않는다. 하지만 앞서 강조했듯이 화폐가치가 떨어지고, 물가가 오르는 상황에서 투자를 하지 않는다는 건 손해를 자처하는 것과 같다. 내 자산을 확실히 지키고, 안전하게 증식시키기 위해서라도 반드시 투자를 시작해야 한다.

안전자산에 투자하라,
금테크와 환테크

    은행 예적금 다음으로 가장 안전한 투자자산은 무엇일까? 바로 금과 달러다. 이 둘의 공통점은 세계 어디에서도 통용되는 자산이라는 것이다. 쉬운 예로 우리나라 화폐로는 브라질에서 물건을 살 수 없지만 금이나 달러로는 결제가 가능하다. 어쩌면 국내 시중은행이 망할 확률보다 전 세계 경제가 무너질 확률이 더 적으니 금과 달러가 은행 예적금보다 더 안전할지 모른다.

    금과 달러의 차이점은 장기적으로 보면 가치가 서로 반대로 움직인다는 점이다. 인위적인 개입이 없다면 금의 가치는 지속적으로 상승하겠지만 반대로 달러의 가치는 지속적으로 하락하게 된다. 그 이유는 다양하지만 가장 큰 이유는 금은 매장량이 한정되어 있는 반면, 달러는 발행량을 조절할 수 있는 인위적인 재화이기 때문이다.

✦✦✦

달러와 반대로
움직이는 금값

금테크란 금에 투자해 금값의 시세 차이로 수익을 얻는 방법이다. 일반적으로 금은 달러 가치와 반비례로 움직인다고 생각하면 이해가 쉽다. 달러 인덱스와 국제 금 시세를 비교한 그

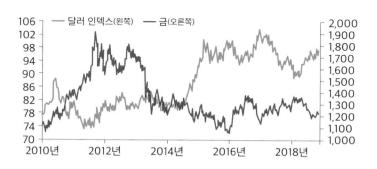

달러 인덱스와 국제 금 시세

자료: 톰슨로이터

2030 파이어족을 위한 밍키언니의 돈 계획

래프를 보면 달러 가치가 상승했을 때 금값이 하락하고, 달러 가치가 하락했을 때 금값이 상승한 것을 알 수 있다. 이 관계는 항상 맞아떨어지는 공식은 아니지만 거시적으로는 비슷한 사이클로 움직일 확률이 높다는 것을 항상 명심하자. 따라서 금은 달러의 가치가 상승했을 때, 즉 금값이 비교적 낮을 때 사는 방식으로 투자하면 된다.

1. 골드바

금에 투자할 수 있는 방법은 여러 가지가 있는데 첫 번째는 골드바를 구매하는 것이다. 골드바는 현금성이 좋아 세계 어느 나라에서도 화폐처럼 사용할 수 있고, 매매 차익을 보더라도 비과세라는 장점이 있다. 반짝반짝 빛나는 금을 현물로 소유하고 있다고 생각하면 상상만으로도 즐겁다. 하지만 실물자산인 골드바는 공임비가 들고, 실물자산이기 때문에 분실의 우려도 있다. 골드바에는 원석을 가공하는 데 드는 비용인 공임비와 금매장 운영비 등이 약 10%가량 포함되어 있으며, 부가가치세 10%도 붙어 있다. 즉 골드바는 매매 시점보다 금값이 20% 이상 상승해야 수익을 볼 수 있다. 따라서 공임비를 절약하기 위해서는 되도록 큰 중량으로 구매해야 하며, 골드바 투자는 장기투자가 기본이다.

금값이 30% 상승해야 10% 수익을 가져가는 구조인데, 부자들이 금고에 골드바를 많이 넣어놓는 이유는 무엇일까? 그것은 골드바는 보유 시 재산세가 소요되지 않기 때문이다. 아파트 한 채를 갖고 있으면 시세에 따라 재산세를 내게 되는데 골드바에는 이런 세금이 없다. 무엇보다 증여세도 없기 때문에 자식에게 물려줘도 세금을 낼 부담이 없다.

그럼 골드바 투자는 어떻게 해야 똑똑하게 하는 것일까? 우선 골드바를 구매할 때는 순도, 질량 인증마크, 제조회사, 시리얼 번호 등을 반드시 확인해야 한다. 그리고 온누리상품권을 활용하면 보다 저렴하게 골드바를 살 수 있다. 온누리상품권은 명절에 농협에서 10%가량 할인가로 판매하는 경우가 많은데, 이때 미리 구매했다가 금값이 저렴할 때 골드바 매입에 활용하면 10% 할인된 가격으로 골드바를 구매할 수 있다. 앞서 골드바에는 공임비 등 각종 추가 비용이 20% 붙는다고 이야기했는데, 온누리상품권으로 10% 할인해서 구매하면 금값이 10%만 상승해도 수익을 볼 수 있다. 또 다른 방법은 금모아 애플리케이션을 활용하는 것이다. 금모아는 금, 은 전문 투자기업 아시아골드가 운영하는 애플리케이션으로, 출석체크 시 포인트를 적립할 수 있다. 이렇게 적립한 포인트는 공임비에 사용할 수 있어 잘 활용하면 공임비 없이 골드바를 구매할 수 있게 된다.

2. 금통장

두 번째 방법은 은행의 금통장을 이용하는 것이다. 금통장은 입금한 돈만큼 금을 매입하는 투자법으로, 은행에서 거래할 수 있어 비교적 접근성이 좋다. 입출금이 수시로 가능하고 아주 소액으로도 투자가 가능하다는 장점이 있다. 하지만 은행 통장이라고 해서 원금 보존이 되는 것은 아니다. 금통장은 예금자 보호 대상이 아니며 금값이 하락하면 당연히 원금 손실의 가능성이 있다.

무엇보다 매매 차익을 보면 세금 15.4%가 발생하고, 매매 수익이 연 2천만 원을 초과하면 종합소득과세 대상에 포함된다. 금통장에 돈을 입금하면 자동으로 세계 기준 화폐인 달러로 환전해 금을 매입하기 때문에 환전수수료가 발생하고, 추후 실물로 금을 찾게 되면 부가가치세 10%가 다시 추가로 부과된다. 단점이 많아 보이지만 굉장히 간편하기 때문에 많은 사람이 이용하는 방법이다.

그럼 똑똑하게 금통장을 이용하는 방법은 없을까? 금통장에 원화를 입금하면 달러로 환전되면서 환율수수료가 발생하게 되는데, 반대로 원화가 아닌 달러로 입금하면 환전수수료가 발생하지 않는다. 환율이 괜찮을 때 달러를 확보해두고, 이렇게 모은 달러를 금통장에 투입하면 환율수수료를 줄일 수 있다. 또한 각 은행에서 여행 시즌에 환전수수료를 100% 면제해주는 이벤트를 열곤 하는데 이 기회를 잘 활용하면 수익률 제고에도 큰 도움이 된다.

3. 금펀드

세 번째 방법은 금펀드를 이용하는 것이다. 금펀드는 금과 관련된 광산, 회사 등에 간접 투자하는 방법으로, 일단 펀드이기 때문에 주식과 달리 분산투자가 가능해 위험성이 낮은 편이다. 하지만 펀드는 펀드매니저가 있어 보수와 수수료가 높은 편이며, 여기에 매매 차익에 세금 15.4%가 또 붙기 때문에 수익을 내기가 쉽지 않다. 주식처럼 실시간으로 매수·매도가 되지 않아 타이밍을 놓치기 쉽다.

4. 금ETF

금펀드의 단점을 보완한 투자상품이 바로 금ETF다. ETF란 펀드와 주식의 장점을 혼합해 만든 펀드파생상품이다. 금ETF는 주식처럼 실시간 매수·매도가 가능하다. 하지만 매년 수수료가 발생하고, 매매 차익 시 15.4%의 세금이 부과된다는 단점이 있다.

5. 한국금거래소

다섯 번째 방법은 한국금거래소(www.koreagoldx.co.kr)를 이용하는 것이다. 한국금거래소는 금 거래의 투명화를 위해 2014년에 창설된 기관으로, 증권사를 통해 계좌를 개설한 후 금에 투자하는 방법이다. 한국금거래소의 금통장 역시 소액 투자가 가능하고, 소득세나 매매 차익이 비과세라는 장점이 있다. 무엇보다 수수료도 매우 저렴한데 보통 오프라인의 경우 0.5%, 온라인의 경우 0.3% 내외다. 주식처럼 실시간으로 금값이 변동되므로 매수·매도 시에는 주의가 필요하다.

한국금거래소의 경우 '금 거래의 투명성 제고'라는 설립 취지에 잘 부합하고, 투자자에게 많은 혜택을 제공해 가장 추천하는 방법이다. 필자도 한국금거래소를 주로 이용한다. 참고로 한국금거래소를 이용해 금을 거래할 때는 단위를 그램(g)이 아닌 킬로그램(kg)으로 설정하는 것이 유리하다. 단위가 클수록 매입단가가 낮아지기 때문이다.

이렇게 금테크 방법과 약간의 노하우를 살펴봤다. 금 투자의 경우 높은 수익을 노린다기보다는 5~10% 정도의 수익을 목표로 하는 것이 바람직하다. 또한 긴 시야로 장기투자를 해야 하는 상품이라는 것도 늘 잊지 말아야 한다.

종류	거래 방식	소액 투자	수수료	기타 세금	매매 차익 세금
골드바	실물	×	공임비 5%, 수수료 5%	현물 인출 시 부가가치세 10%	비과세
금통장	은행	○	환전수수료	현물 인출 시 부가가치세 10%, 종합소득세 과세 대상	15.4%
금펀드	간접	○	환매 수수료, 운용 수수료	종합소득세 과세 대상	15.4%
금ETF	간접	○	환매 수수료, 운용 수수료	배당소득세 과세 대상	15.4%
한국 금거래소	증권사	○	증권사 수수료 0.3~0.5%	현물 인출 시 부가가치세 10%	비과세

✧✧✧

환 차이를
노리는 환테크

　환테크란 다른 나라의 화폐를 환율이 좋을 때, 그러니까 가격이 저렴할 때 사서 높을 때 팔아 환차익만큼 수익을 얻는 방법이다. 보통 달러 투자가 일반적이다. 달러는 금과 반비례 관계를 지니기도 하지만 원화의 가치와도 반비례 관계를 가진다.

예를 들어 우리나라 경기가 침체기에 빠지면 원화의 가치는 급락하는 반면, 원달러 환율은 치솟게 된다. 실제로 1997년 IMF 외환위기 당시 원달러 환율은 1,900원대에 육박하기도 했다. 이때 사전에 발 빠르게 달러를 보유하고 있던 사람들은 큰 수익을 얻을 수 있었다. 우리나라 경기가 안 좋아지면 외국인 투자자들이 투자금을 회수함으로써 환율이 움직인다고 생각하면 이해가 쉬울 것이다.

경기가 침체되지 않더라도 수출량이 줄고 수입량이 늘면 환율이 오를 가능성이 있다. 왜냐하면 수입 시 대금 결제를 기축통화인 달러로 하기 때문이다. 즉 환율은 국내 달러 보유량과 깊은 연관이 있다. 이 밖에도 세계 경제가 흔들려 소비의 흐름이 얼어붙으면 달러 공급에 차질이 생겨 금과 같은 원자재 가격이 상승하기도 한다.

그럼 환테크는 어떻게 하는 것일까? 방법은 간단하다. 은행의 외화통장을 이용하는 것이다. 외화통장은 5천만 원까지 예금자 보호도 되고, 환차익에 대해 비과세인 장점도 있다. 그러나 원화를 통장에 입금해 달러에 투자하는 것이기 때문에 환전수수료가 발생하며, 달러 투자 후 원화로 받으면 다시 한번 현찰수수료가 발생한다. 즉 각종 수수료를 더하면 3% 내외 수준이므로 거래 시 주의가 필요하다. 하지만 금통장과 마찬가지로

통장 종류	예금자 보호	수수료	이자	세금
입출금	○	각종 수수료	통장 이자	이자소득세 15.4%+ 환차익 비과세
적금	○	중도해지 수수료가 있을 수 있음+ 각종 수수료	적금 이자	
예금	○		예금 이자	

애초에 달러로 입금을 하면 환전수수료와 현찰수수료가 모두 면제되니 참고하자. 환전수수료는 전국은행연합회(www.kfb.or.kr)에서 간편하게 조회가 가능하다. 과정은 다음과 같다.

1. 전국은행연합회 사이트에 접속한다.
2. 소비자포털 메뉴의 '금리/수수료 비교공시'를 클릭한다.
3. 은행 수수료 비교 메뉴의 '환전수수료'를 클릭한다.

환테크를 할 때 각종 수수료를 아끼면 수익률에 큰 도움이 되니 반드시 꼼꼼히 확인하기 바란다.

외화통장도 일반 입출금통장과 예금통장, 적금통장이 있다. 입출금통장은 금통장을 이용하는 방식과 같다고 생각하면 되며, 실시간 매수·매도가 가능하다는 장점이 있다. 외화 적금통장은 적금 이자가 있으며 정기적금과 자유적금이 있다. 외화 적금통장은 매달 일정 금액을 납입해 손실을 줄일 수 있고, 특히 자유롭게 금액을 납입하는 자유적금은 환율 변동에 따라 투자금을 조율할 수 있다는 장점이 있다. 외화 예금통장은 약속 기간 동안 달러를 예금하는 통장으로, 환차익뿐만 아니라 예금 이자까지 얻을 수 있어 환테크 시 발생하는 수수료를 보완할 수 있다. 하지만 환율 변동 시 발 빠른 대처가 어렵다는 것은 단점이다.

소액으로 가능한
P2P 투자

　온라인투자연계금융, 다른 말로 P2P는 최근 가장 각광받는 소액 투자상품이다. P2P란 개인 대 개인의 투자라는 뜻으로, 투자받기를 희망하는 한 개인에게 다수가 돈을 모아 투자하는 방식이다. 투자받기를 희망하는 개인과 투자하길 원하는 다수의 사이를 연결해주는 플랫폼이 바로 P2P 회사다. P2P는 약속 기간 동안 투자를 하면 이후 원금과 이자를 돌려받는 구조이며, 엄밀히 따지면 대출을 해주고 이자를 받는 대부업의 개념이다.

　매우 소액으로도 투자가 가능하기 때문에 진입장벽이 낮고, 세금도 15.4%로 낮은 편이다. 투자 기간이 길지 않은 편인데도

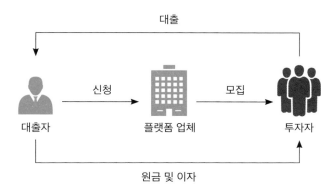

대출

신청

모집

대출자

플랫폼 업체

투자자

원금 및 이자

평균 수익률은 10% 내외에 육박한다. 그러나 P2P금융은 최근에 급격히 성장한 분야이다 보니 여러 리스크를 잘 고려할 필요가 있다.

✧✧✧

P2P의
종류와 장단점

P2P의 종류와 장단점을 살펴보자. P2P는 신용대출, 담보대출, PF대출 세 가지 종류가 있다. 신용대출은 개인의 신용을 담보로 투자자를 구하는 상품으로 5천 원부터 투자할 수 있다. 보

통 대출자가 P2P를 신청하는 이유는 제1금융권과 제2금융권의 대출 한도가 막혔거나, 대출 승계를 위해서인 경우가 많다. 따라서 만일 대출자의 신용등급이 7등급 이하라면 투자를 재고하는 것이 좋다. 신용등급이 곧 대출을 상환하는 능력과 직결되는 문제이기 때문이다. 대출자의 직장도 확인할 필요가 있다. 직장이 안정적이지 않으면 상환 여부가 불투명하기 때문에 최소한 대출자가 중소기업군 이상에 속하면서 신용등급 6등급 이상인 경우가 안정적이다.

대출자를 살펴보면 대기업에 재직하거나, 연봉이 매우 높은 경우도 적지 않다. 실제로 필자는 2019년에 신용등급이 5등급이면서 연봉이 7천만 원 이상인 대출 희망자에게 P2P 업체를 통해 투자한 적이 있다. 대출 희망자가 P2P 대출을 신청한 이유를 살펴보니 월수입 600만 원보다 지출이 더 많아 급한 빚을 처리하기 위해서였다. 투자자 입장에서는 좋은 투자 기회였지만 참 씁쓸했던 기억이 있다.

담보대출은 대출자의 부동산을 담보로 투자를 받는 상품으로 5만 원부터 투자가 가능하다. 그리고 등기가 완료된 실물 토지나 건물의 현재 가치를 담보로 하기 때문에 대출자가 상환을 하지 못하더라도 손실의 가능성이 적다는 장점이 있다. 담보대출에 투자할 경우 담보상품의 가치와 그 담보액이 우선순위인 다른 대출을 제외하고 차순위인 P2P 대출까지 보장하는지 확인해야 한다. 예를 들어 P2P 담보대출자가 상환을 못 하면 담보가 경매로 넘어가게 되는데, 담보금액은 경매 낙찰가율 60~70% 금액으로 산정하게 된다. 여기서 이 금액이 우선순위 대출금을 모두 제한 후 차순위 대출인 P2P까지도 해결할 여유가 되는 금액인지 계산해봐야 한다. 좀 더 구체적으로 예를 들어보자. 기존에 은행권 대출 3억 원이 있는 사람이 있다. 이때 이 사람이 10억 원으로 평가받는 아파트를 담보로 P2P 담보대출 1억 원을 신청했다고 가정해보자. 만약 이 대출자가 대출상환을 못 해 아파트가 경매로 넘어가게 되면 10억 원의 아파트는 경매 낙찰가율 60% 금액, 즉 6억 원으로 산정된다. 여기서 은행 대출 3억 원을 제외하더라도 3억 원이 남으므로, 내가 투자한 P2P 대출까지 여유롭게 상환이 가능하니 비교적 안전한 투자라고 볼 수 있다.

PF대출은 준공 예정인 부동산을 담보로 투자받는 상품이다. P2P 중 가장 수익률이 높은 편이지만 그만큼 리스크도 크다. 등기가 되지 않은 부동산의 미래 가치를 담보로 하기 때문에 준공 실패나 준공 지연 등의 문제가 생길 가능성이 높다. P2P 투자는 중도해지가 안 되기 때문에 장기 연체가 되면 매우 큰 문제로 이어질 수 있다.

안전하게
투자하는 방법

　수익률, 대출자의 신용도, 담보의 가치도 중요하지만 P2P 투자에서 가장 중요한 것은 P2P 업체다. 대출자가 상환을 하지 않을 때 플랫폼 업체의 대응 전략과 후속 조치가 손실 여부를 결정하기 때문이다. 또한 아직 P2P금융은 발전하는 단계이다 보니 법적으로 투자자를 보호할 수 있는 제도가 많지 않다. 따라서 P2P금융을 이용할 때는 해당 플랫폼 업체가 부도의 가능성이 적은 건실한 회사인지 꼼꼼히 따져봐야 한다. P2P 업체가 합법적이고 건실한지 파악하는 방법은 네 가지다.

　첫 번째, 업체의 연혁이 오래되었는지 확인해야 한다. 아무래도 신생 회사보다는 오래된 회사가 풍파를 견디며 얻은 노하우가 많을 것이다. 대출자가 상환을 하지 않으면 상환을 이끌어 낼 가능성이 높고, 오랜 기간 검증되어 부도의 가능성도 낮을 것이다.

　두 번째, P2P 업체의 대표가 어떤 사람인지 아는 것도 중요하다. 전혀 관계가 없는 일에 종사했거나, 아니면 윤리적으로 문제가 있다면 거르는 것이 좋다. 실제로 2018년에 많은 신생

P2P 업체들이 등장했고, 이 중 대표가 투자금을 모은 후 도주한 사례도 적지 않다. P2P 업체의 대표가 금융·범죄 전과가 있다면 투자를 재고해야 한다.

세 번째, 통신판매업 신고번호가 있는지 확인하는 것이다. P2P 회사 홈페이지에 들어가면 보통 맨 하단에 회사 정보와 함께 통신판매업 신고번호가 있다. 이는 공정거래위원회의 승인을 거쳐 얻은 고유번호로, 정상적인 P2P 업체라면 기본적으로 통신판매업 신고번호가 존재해야 한다. P2P 업체에서 통신판매업 신고번호를 확인했다면 공정거래위원회(www.ftc.go.kr)에 그 번호가 정상적으로 등록되어 있는지 다시 한번 확인해보자.

마지막으로 네 번째는 P2P업체가 금융위원회(www.fsc. go.kr)에 등록되어 있는지 확인하는 것이다. P2P 업체는 보통 자회사인 대부업체를 설립해 같이 운영하는 경우가 많은데, 금융위원회에 대부업체로 등록했다면 연계대부업 번호를 부여받게 된다. 연계대부업 번호는 통신판매업 신고번호와 동일하게 P2P 홈페이지 하단에 명시되어 있으니 꼼꼼히 확인하기 바란다. 연계대부업 번호는 금융위원회의 '등록대부업체 통합조회'에서 검증 가능하다.

이렇게 P2P 업체를 검증하는 네 가지 방법을 알아봤다. P2P는 수익률이 좋고 간편하다는 장점이 있지만 단점도 많은 상품이다. 하지만 돌다리도 두들기는 심정으로 꼼꼼하게 P2P 업체를 선정하고 대출자의 상환능력을 파악한다면 이보다 좋은 상품도 없다. P2P는 수익률이 좀 낮더라도 건실하고 확실한 업체의 상품에 소액으로 분산 투자해야 한다. P2P 업체가 무너지면 개인 투자자들은 힘도 쓰지 못하고 투자금을 전액 잃게 되니 매우 신중할 필요가 있다.

✦✦✦

비슷하지만 다른
개인투자조합

P2P와 비슷한 듯 비슷하지 않은 투자 방법이 하나 있는데 바로 개인투자조합이다. 개인투자조합이란 벤처기업 또는 창업 기업에 투자할 목적으로 개인들이 모여 출자하는 조합을 말한다. 개인투자조합에 참여한 조합원은 존속 기간 동안 발생한 투자 수익을 나눠 갖게 된다. 개인투자조합은 중소기업청에 등록해야 하며, 49인 이하로 결성되어야 하고, 1억 원 이상 출자해 5년 이상 운영해야 한다.

개인투자조합의 가장 큰 장점은 투자금만큼 절세 효과를 누릴 수 있다는 것이다. 출자 기간이 3년 이상이면 소득공제 혜택

과세표준	세율	소득공제 환산액	실질 투자금	실질 수익률 (출자금 회수 시)	연평균 수익률
5억 원 이상	46.2%	462만 원	538만 원	85.9%	28.6%
3억 원~5억 원	44.0%	440만 원	560만 원	78.6%	26.2%
1억 5천만 원~ 3억 원	41.8%	418만 원	582만 원	71.8%	23.9%
8,800만 원~ 1억 5천만 원	38.5%	385만 원	615만 원	62.6%	20.9%
4,600만 원~ 8,800만 원	26.4%	264만 원	736만 원	35.9%	12.0%
1,200만 원~ 4,600만 원	16.5%	165만 원	835만 원	19.8%	6.6%

개인투자조합 1천만 원 출자 사례

자료: 한국경영원

을 받을 수 있다. 투자금 3천만 원까지는 100% 소득공제 혜택을 받을 수 있으며, 3천만 원 초과분부터 5천만 원까지는 70% 소득공제 혜택을 누릴 수 있다. 이처럼 세금 혜택으로 실질 투자금이 내려가기 때문에 수익률이 높아진다. 예를 들어 1천만 원을 투자(출자)했다고 가정해보자. 만일 4,600만 원 미만의 소득자라면 소득공제 혜택으로 264만 원을 공제받게 되고, 실질 투자금은 736만 원이 된다. 이같이 개인투자조합은 세금 혜택이 좋아 소득 구간이 높은 사람에게 좀 더 유리한 측면이 있다.

하지만 기본적으로 투자받은 기관에 이익이 있어야 수익도 얻을 수 있기 때문에 투자하고자 하는 벤처기업의 성장 가능성과 매출 발전 현황, 사업아이템 등을 두루 살펴봐야 한다.

기업의 가치에
투자하는 주식

주식 투자는 기업에 직접 투자하는 방식으로, 주식을 소유한 주주는 회사가 발행한 총 주식 중 소유한 지분만큼 이익을 추구할 권리인 자익권, 그리고 회사의 이익을 추구할 권리인 공익권을 갖게 된다. 쉽게 말해 자익권은 배당 청구권을 말하고, 공익권은 주주총회 의결권을 말한다. 주식 투자 방법은 소위 단타(단기투자)와 장타(장기투자)로 나뉜다. 단타는 실시간으로 변동하는 주식의 시세 차이를 이용해 단기간에 수익을 얻는 방법이고, 장타는 회사의 성장 가능성을 보고 오랜 기간 투자해 수익을 얻는 방식이다.

주식은 10번 성공해도 1번 실패하면 망한다는 말이 있을 정도로 매우 위험하다고 알려져 있지만 실제로는 그리 위험하지 않다(물론 아무런 공부 없이 무분별하게 단타를 시도하면 원금을 다 잃을 수 있다). 단일 종목에 투자하는 방식이기 때문에 해당 종목의 주가가 폭락하면 큰 손실을 볼 수 있지만 앞서 강조한 자산 배분에 따른 분산투자와 장기투자, 그리고 가치투자를 지향하면 리스크를 줄일 수 있다. 종목 하나에 소위 '몰빵'만 하지 않으면 하락장에서도 부담 없이 버틸 수 있다.

주가는 오랜 기간 등락을 거듭해왔다. 주식 투자로 꾸준히 수익을 내기 위해서는 시장이 흔들려도 의연하게 대처하는 자세가 중요하다. 주식 투자자들이 주식으로 수익을 거두는 방법은 간단하다. 시장이 불황이거나 해당 기업의 가치가 저평가 상태일 때 저렴하게 구매한 다음, 시장이 활황이거나 해당 기업의 가치가 고평가를 받을 때 비싸게 파는 것이다. 일례로 2020년 3월, 코로나19 사태로 코스피 지수가 급락했을 당시 소위 '개미'라 불린 개인 투자자들은 큰 리스크를 감수하고 주식 시장에 뛰어들었다. 때마침 공매도가 금지되면서 투자를 원활히 할 수 있는 환경이 조성되었고, '동학개미 운동'이라는 신조어가 생길 정도로 주식 투자 열풍이 불었다. 경제가 다시 제자리를 찾으면서 2021년 1월 7일 코스피 지수는 고점을 경신했고, 그 결과

2030 파이어족을 위한 밍키언니의 돈 계획

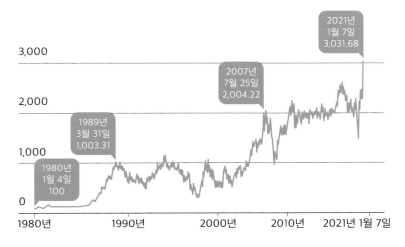

코스피 지수 추이

- 2021년 1월 7일 3,031.68
- 2007년 7월 25일 2,004.22
- 1989년 3월 31일 1,003.31
- 1980년 1월 4일 100

3,000
2,000
1,000
0

1980년　1990년　2000년　2010년　2021년 1월 7일

자료: 한국거래소

리스크를 무릅쓰고 주식에 투자한 수많은 동학개미들은 큰돈을 벌 수 있었다.

참고로 공매도란 외국인 투자자와 기관이 주로 이용하는 투자 방식으로, 해당 주식을 보유하지 않은 상태에서 주식을 빌려 매도 주문을 내는 투자 전략을 말한다. 공매도는 주가가 하락해야지만 싸게 갚아 시세 차익을 더 낼 수 있기 때문에 공매도의 비중도 주식 투자에 있어서 중요한 부분 중 하나다.

확률이 아닌
우량주에 투자하라

필자는 주식 투자로 10~15% 내외의 수익을 얻고자 한다면 차트 분석이나 주식 용어를 엄청나게 상세하게 공부할 필요는 없다고 생각한다. 한 증권사의 조사에 따르면 차트 분석을 잘하고, 주식을 전문적으로 연구하는 전문가들도 50%는 수익을 보고 50%는 수익을 보지 못한다고 한다. 전문가들조차 승률이 반반이라는 것이다. 존리 대표는 모든 주식은 내리고 오르기를 반복하기 때문에 내일 어떤 회사의 주식이 오를지 예측하는 것은 카페에 앉아 문을 열고 들어오는 사람이 어떤 옷을 입었는지 맞히는 것과 같다고 말했다. 즉 주가의 상승 여부는 그 누구도 정확히 알 수 없다.

물론 심도 깊은 재무제표 분석, 기술적 분석, 기업 실사, 시장 조사, 시황 예측 등으로 주가의 단기 움직임을 어느 정도 예측하는 전문가도 있기는 있을 것이다. 하지만 일반인이 개별 종목의 주가를 정확히 예측한다는 건 불가능에 가깝다. 따라서 그러한 희박한 확률에 기대 도박하듯이 투자하는 것은 매우 위험하다. 그러나 핵심 우량주 투자는 다르다. 핵심 우량주는 리스크에 단기간 흔들릴 수는 있어도 장기적으로는 계속 오르는 그 래프를 그린다. 그래서 시황과 무관하게 장기적으로 수익을 얻 고 싶다면 핵심 우량주에 장기투자하는 것이 좋다.

투자의 귀재 워런 버핏은 "절대 팔지 않을 주식을 사라." "10년간 주식을 보유할 생각이 없다면 단 10분도 보유하지 말 라."고 강조했다. 이 말은 주식을 수시로 사고파는 돈놀이, 도박 쯤으로 여기지 말고 기업의 가치를 내다보고 오랫동안 가치투 자를 하라는 뜻이다. 예를 들어 삼성전자의 경우 30년 동안 우 상향해 꾸준히 고점을 경신했다. 30년간 삼성전자의 주가는 단 기적으로는 오르내림을 반복하며 요동쳤지만 긴 시야로 보면 부침이 없었다. 삼성전자는 스마트폰, 반도체 등 미래 먹거리를 생산하고 선도하는 우량주의 대표주자다. 이렇게 기업의 성장 가능성을 타진하고 스스로 기업의 가치 상승과 함께하는 파트 너라는 생각으로 장기투자하면 손실의 위험이 적다.

그런데 재미있는 점은 주변에 생각보다 삼성전자 주식으로 큰돈을 벌었다는 개미를 찾기 힘들다는 것이다. 10년 전이든, 20년 전이든, 30년 전이든 그냥 갖고만 있었어도 수익을 냈을 텐데 그런 개미는 찾아보기 힘들다. 그만큼 시황에 휩쓸려 무분 별하게 사고팔기를 반복하는 경우가 많기 때문이다. 성장 가능 성이 다분한 우량주는 주가가 일시적으로 떨어져도 불안해하지

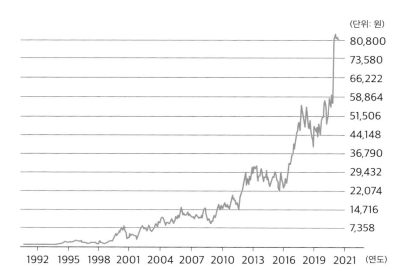

삼성전자 30년 주가 추이

(단위: 원)

80,800
73,580
66,222
58,864
51,506
44,148
36,790
29,432
22,074
14,716
7,358

1992 1995 1998 2001 2004 2007 2010 2013 2016 2019 2021 (연도)

말고 적금처럼 차곡차곡 매수해 장기간 보유할 필요가 있다.

실제로 필자도 우량주 몇 개를 선정해놓고 매월 적금을 넣듯이 차곡차곡 투자하고 있다. 예를 들어 눈여겨보고 있는 종목이 일정 금액 이하로 떨어지면 지속적으로 매수하고, 주가가 상승하면 일부 매도하고 매수하는 식으로 꾸준히 수익을 보는 것이다. 이런 식으로 주식 투자를 하면 크게 위험하지 않고 수입도 쏠쏠하다.

장기투자든, 단기투자든 주식 투자의 기본은 쌀 때 사서 비쌀 때 파는 것이다. 그럼 주식은 언제 가격이 상승하는 것일까? 주가 상승의 원인을 어떤 한 요인으로 단정시킬 수는 없지만 일반적으로 외국인 투자가 유입될 때 주가는 상승한다. 그래서 외국인 투자 비중을 면밀히 관찰할 필요가 있다. 외국인 투자자의 투자 심리는 대개 미국의 경제선행지수, 소비자심리지수, 제조업지수로 예측할 수 있다. 미국의 경기가 좋으면 소비자심리지수와 제조업지수가 상승하게 되고, 그러면 외국인 투자자가 유입될 가능성이 높아지기 때문이다. 특히 미국의 경기선행지수가 상승하면 3~6개월 뒤 우리나라 주가가 전반적으로 상승하는 경향이 있다. 미국의 경기선행지수는 콘퍼런스보드(conference-board.org)를 통해 확인할 수 있다.

수수료와 세금도
고려해야 한다

주식 투자는 증권사를 통해 이뤄지기 때문에 많게는 0.3%, 적게는 0.01%의 증권사 수수료가 발생한다. 하지만 대부분의 증권사에서 수수료 무료 이벤트를 진행하니 이를 활용하면 좀 더 수익률을 올릴 수 있다. 증권사 수수료 외에는 한국거래소와

금융결제원에 내는 유관기관 수수료와 증권거래세 0.3%가 있다. 유관기관 수수료는 증권사마다 다르니 꼭 확인하기 바란다.

주식 거래 시 투자자는 증권거래세, 배당소득세를 내야 한다. 증권거래세는 증권을 팔 때 내는 세금으로, 이익과 손실에 상관없이 매도대금의 일정 비율을 제하는 세금이다. 따라서 수익률 제고를 위해 불필요한 거래는 자제하는 것이 좋다. 기업이 주주에게 나눠주는 이익금인 배당금에도 배당소득세가 붙는다. 증권거래세와 배당소득세는 증권사에서 알아서 원천징수해 대신 납부하므로 개인 투자자가 따로 신경 써서 챙길 필요는 없다.

✦✦✦

불안과 소음에
휘둘리지 말자

주식 투자는 결국 마인드 싸움이다. 요동치는 주가에 휩쓸려 마음까지 흔들리면 수익률에도 악영향을 미칠 수 있다. 일단 주식을 보유했다면 투자한 기업을 믿고 묻어두는 기다림도 필요하다. 만일 급하게 돈이 필요해 매도했다면 이후 주가가 상승하더라도 그 수익은 내 것이 아니므로 미련을 두지 말아야 한다.

주식 투자가 아직 두렵고 무섭다면 증권사 애플리케이션에서 제공하는 모의투자 기능을 활용해보기 바란다. 간접적으로 투자 경험을 쌓은 다음에 실전에 뛰어드는 것도 한 방법이다. 가상의 투자지만 실전이라고 생각하고 매수 시점과 매도 시점을 파악해보자. 언제 주식이 오르고 내리는지를 지속적으로 관찰하고 경험한다면 막연하게 느껴지던 주식 투자가 한결 수월해질 것이다.

포트폴리오
만들기

1억 원이라는 목돈을 A라는 투자상품에 모두 집중투자하면 수익이 10%만 나도 1천만 원을 벌게 될 것이다. 그러나 A가 하락하면 어떻게 될까? 10% 하락하면 1천만 원이 날아가고, 20% 하락하면 2천만 원이 날아가고, 30% 하락하면 3천만 원이 날아가게 된다. 리스크가 큰 투자상품이라면 목돈을 모두 날릴 수도 있다. 반면 1억 원이라는 목돈을 25%씩 A, B, C, D 네 가지 투자상품에 분산투자하면 어느 한 상품이 흔들려도 손실의 위험은 크게 줄어든다. 이렇게 목돈을 적절히 분산해 리스크를 낮추고 수익률을 제고하는 자산배분 전략을 '포트폴리오'라

연령대별 투자 포트폴리오 예시

연령	포트폴리오	기본 비율
20~40대 중반	시세차익중시형	예금·MMF 5%, 채권 20%, 주식 75%
	시세차익추구형	예금·MMF 5%, 채권 30%, 주식 65%
40대 후반~50대	이자·배당 및 시세차익절충형	예금·MMF 10%, 채권 50%, 주식 40%
60대 이상	이자·배당중시형	예금·MMF 25%, 채권 50%, 주식 25%
	원본중시형	예금·MMF 50%, 채권 40%, 주식 10%

자료: 미래에셋

고 말한다. 포트폴리오를 구성하면 다양하고 고르게 자산을 배분할 수 있어 보다 안전한 투자가 가능하다.

포트폴리오에 정답은 없다. 기본적으로 나이에 따라 권장하는 투자자산의 비중이 달라지는데, 꼭 나이가 기준이 아니더라도 투자 성향과 재무상태에 따라 달라지기도 한다. 보통 포트폴리오는 원금 보존이 되는 상품과 원금 보존이 되지 않는 상품을 섞어 구성하게 된다. 일반적으로 추천하는 연령대별 포트폴리오는 시기에 따라 다섯 가지로 구분된다. 참고로 본문에서 제시하는 포트폴리오는 하나의 예시일 뿐이다. 정답은 아니니 꼭 그대로 따를 필요는 없다.

1. 20~40대 중반

우선 20~40대 중반까지는 노동을 할 수 있는 기간이 아직 많이 남아 있는 시기다. 또한 다른 연령대에 비해 지켜야 할 자산이 적기 때문에 공격적으로 투자해 자산을 불려나가는 것이 좋다. 그래서 보통 위험성이 높은 '시세차익중시형' '시세차익추구형' 포트폴리오를 추천한다.

2. 40대 후반~50대

40대 후반~50대는 노동 수입도 어느 정도 있고, 자산도 불어난 상태이기 때문에 중위험 포트폴리오를 구성하는 것이 좋다. 이 시기에는 '이자·배당 및 시세차익절충형' 포트폴리오를 추천한다.

3. 60대 이상

60대 이후에는 노동 수입이 감소하거나 수입이 끊기게 되는 시기이므로, 높은 수익률을 추구하기보다는 내 자산을 지키면서 매달 일정 금액의 돈이 들어올 수 있는 저위험 포트폴리오를 추천한다. 월세처럼 매달 배당금을 받고 싶다면 '이자·배당중시형' 포트폴리오가 좋으며, 원금을 좀 더 중시한다면 '원본중시형' 포트폴리오가 좋다.

PART 6

투자 없이는
부자도 없다 ②

"투자의 성공 여부는 얼마나 오랫동안
세상의 비관론을 무시할 수 있는지에 달려 있다."

_피터 린치(Peter Lynch)

부동산 투자 ①
똘똘한 한 채

　부동산은 큰 목돈이 투입되는 만큼 상대적으로 안정적이고 수익 규모가 큰 투자상품이다. 특히 세입자로부터 월세를 넉넉히 받으며 경제적 자유를 누리는 다주택자는 언제나 뜨거운 감자다. 그래서일까? 한때 서점에는 유행처럼 '평범한 가정주부 또는 회사원이 집 수십 채를 가진 부자가 되었다.' 하는 주제의 책이 쏟아져 나왔던 적이 있었다. 하지만 지금은 각종 부동산 규제와 세금 문제로 전문 투자자가 아닌 이상 거주지 외의 지역에 몇십 개씩 부동산을 소유하는 것이 사실상 불가능해졌다. 설사 자본금이 충분하다고 하더라도 세금을 피할 방법이 없어 효율적인 투자라고 보기 어렵다.

과거 다주택자에 대한 규제가 많지 않던 시절에는 전세금과 매매가의 차이가 적은 집, 일명 '갭 차이'가 적은 부동산을 매매하는 갭투자가 유행처럼 번졌었다. 갭투자란 주택의 전세금과 매매가 간의 차액이 적은 집을 전세를 끼고 매입하는 투자 방식으로, 실제 투입되는 투자금이 매우 적기 때문에 마음만 먹으면 누구나 충분히 여러 채를 매입할 수 있었다. 예를 들어 투자자가 전세가율 80%인 1억 원짜리 아파트를 8천만 원 전세를 끼고 매입하면 실제 투입되는 투자금은 2천만 원에 불과하다. 이후 해당 아파트의 가격이 상승해 1억 2천만 원이 되면 매도 시 2천만 원의 수익이 생기니 수익률은 100%에 달한다. 즉 갭투자는 잘만 하면 실투자금 대비 많은 수익을 얻을 수 있는 효과적인 방법이었다.

갭투자는 보통 전세가율이 높아 갭 차이가 적은 지방 아파트를 노리는 경우가 많은데, 지방 아파트의 가격이 전체적으로 하락하면서 갭투자의 시대도 저물고 말았다. 무엇보다 정부가 다주택자에 대한 규제를 강화하고, 보유세가 상승하고, 대출 규제가 강화되면서 갭투자로 다주택자가 된 투자자들은 직격타를 맞았다. 실제로 필자의 주변에도 급격히 불어난 세금을 감당할 수 없어 보유한 주택을 모두 팔고 무주택자가 된 사례도 있다.

앞으로도 부동산 시장의 상황이 급변하지 않는 이상 한동안 갭투자는 어려울 것으로 보인다.

✦✦✦

똑똑한 한 채가
답이다

그렇다면 이제 부동산 투자는 어떻게 해야 하는 걸까? 필자는 '똑똑한 한 채'에 답이 있다고 생각한다. '내 집 마련'은 안정적으로 거주할 수 있는 집을 마련함과 동시에 향후 시세 차익까지 기대할 수 있는 효과적인 투자법이다. 예를 들어 5억 원짜리 똑똑한 한 채를 매입했다고 가정해보자. 10년 뒤 이 부동산이 8억 원으로 상승하면 투자자는 3억 원이라는 시세 차익을 얻게 된다. 설사 상승률이 미미하더라도 10년 동안 집 걱정 없이 잘 살았으니 손해라고 볼 수 없다. 부동산 규제가 갑자기 풀리지 않는 이상 앞으로는 이런 똑똑한 한 채로 승부를 봐야 한다.

여건과 환경에 따라 부동산 투자 전략도 달라질 것이다. 만일 유주택자라면 상승 여력이 더 높은 똑똑한 한 채로 '갈아타기'를 시도할 수 있다. 이 경우 지역과 물건을 분석하고, 부지런히 임장을 다니면 된다. 반면 아직 무주택자라면 차근차근 청약

청약 가점표

항목	구분	점수	구분	점수
①무주택 기간 (32점)	1년 미만	2	8년 이상~9년 미만	18
	1년 이상~2년 미만	4	9년 이상~10년 미만	20
	2년 이상~3년 미만	6	10년 이상~11년 미만	22
	3년 이상~4년 미만	8	11년 이상~12년 미만	24
	4년 이상~5년 미만	10	12년 이상~13년 미만	26
	5년 이상~6년 미만	12	13년 이상~14년 미만	28
	6년 이상~7년 미만	14	14년 이상~15년 미만	30
	2년 이상~8년 미만	16	15년 이상	32
②부양가족의 수 (35점)	0명	5	4명	25
	1명	10	5명	30
	2명	15	6명 이상	35
	3명	20		
③청약통장 가입 기간 (17점)	6월 미만	1	8년 이상~9년 미만	10
	6월 이상~1년 미만	2	9년 이상~10년 미만	11
	1년 이상~2년 미만	3	10년 이상~11년 미만	12
	2년 이상~3년 미만	4	11년 이상~12년 미만	13
	3년 이상~4년 미만	5	12년 이상~13년 미만	14
	4년 이상~5년 미만	6	13년 이상~14년 미만	15
	5년 이상~6년 미만	7	14년 이상~15년 미만	16
	6년 이상~7년 미만	8	15년 이상	17
	7년 이상~8년 미만	9		
④감점	2주택 이상 소유한 세대는 1순위 청약이 제한되고, 2순위에서 가점제로 신청할 경우 각각의 주택마다 5점씩 감점된다. 60세 이상 직계존속이 2주택 이상 소유한 경우 1주택 초과 시마다 5점씩 감점된다.			
청약 점수=①+②+③+④				

자료: 한국부동산원

        2030 파이어족을 위한 밍키언니의 돈 계획

부터 노려야 할 것이다. 청약 점수가 높다고 판단되면 일반 매매보다는 청약에 집중하는 편이 낫다. 청약을 통해 가격 경쟁력이 뛰어난 새 아파트에 입주할 수 있고, 분양가 상한제로 주변 시세보다 비교적 저렴하게 입주할 수 있기 때문이다.

똑같은 무주택자라고 할지라도 아기가 있는 신혼부부의 경우 '신혼부부 특별공급'으로 청약에 당첨될 확률이 높아진다. 또한 무주택 기간이 길면 길수록 청약 점수가 올라가고, 주택청약통장 가입 기간 역시 길면 길수록 유리하다. 이 밖에도 부양 가족의 수도 청약 점수에 영향을 미친다.

물론 청약이 꼭 정답은 아니다. 서울 아파트 청약에 당첨되려면 청약 점수가 84점 만점에 60점 정도는 되어야 한다. 청약이 제일 좋은 방법인 것은 맞지만 내 청약 점수가 많이 낮거나, 여러 여건을 따져봤을 때 앞으로도 점수가 개선될 가능성이 없다면 일반 매매를 시도하는 것이 좋다. 청약 점수가 턱없이 낮은 상황에서 무작정 청약만 시도하면 내 집 마련의 기회를 영영 놓칠 수 있기 때문이다.

필자는 청약 대신 바로 일반 매매를 한 경우다. 일단 청약 점수가 12~13점으로 확률이 거의 없었고, 또 당장 아이 계획도 없었다. 이미 소형 집을 하나 소유한 유주택자이기도 했다. 그렇게 '똘똘한 한 채'를 목표로 약 3개월간 주말마다 손품과 발품을 팔았고, 2017년에 서울 송파구에 위치한 25평짜리 '초품아(초등학교를 품은 아파트)'를 급매로 6억 원에 매입할 수 있었다. 당시에는 한참 오피스텔에 투자하던 때여서 자본금이 많지 않았다. 그래서 일단 2년 전세를 주고 2년 후에 입주하는 계획을 세웠는데, 다행히 매입한 아파트가 초품아였기 때문에 전세가를 높이 받을 수 있었다. 전세금이 4억 3천만 원이었으니 실제로 투입된 투자금은 1억 7천만 원인 셈이다. 현재 이 아파트의 매매호가는 13억 원에 달한다. 결과적으로 자본금 1억 7천만 원으로 13억 원짜리 아파트를 잡은 셈이다.

부동산 투자를 하며 느낀 것은 누구나 보는 눈은 같다는 것이다. 교통이 편리하고, 깨끗하고, 살기 좋은 아파트를 싫어하는 사람은 없다. 이러한 조건에 부합되는 부동산에 투자하면 실패할 수 없다고 생각한다.

✢✢✢

청약이 어렵다면
경매를 노리자

청약이 어렵다면 경매를 통해 내 집 마련 전략을 세워볼 수도 있다. 경매는 시세보다 80% 정도 낮은 가격으로 집을 매입할 수 있고, 대출도 많이 받을 수 있다는 장점이 있다. 하지만 내가 살고 싶은 집, 누구나 살고 싶어 하는 집이 경매로 나올 확률은 희박하며, 설사 그런 물건이 나온다고 해도 내가 낙찰받을 확률은 더더욱 적다. 정말 천운이 따라서 이러한 집을 낙찰받을 수도 있겠지만 부동산 투자가 처음이라면 경매는 정말 심사숙고해야 한다. 경매의 절차는 다음과 같다.

1. 경매 신청

채권자가 정해진 절차에 따라 관할 법원에 경매 신청서를 접수하면 경매가 진행된다. 경매 신청은 임의경매와 강제경매로 나뉜다.

2. 현황조사

법원은 집행관에게 부동산의 현상, 점유 관계 등 현황에 관해 조사하라 명한다.

3. 감정평가

감정인이 부동산을 평가하고 감정가로부터 경매의 신건이 진행된다. 만약 최저 매각가보다 낮은 금액이 입찰되면 무효 처리된다.

4. 배당요구

법원은 채권자들에게 배당 신청을 요구한다. 만약 임차인이 배당요구 신청을 하지 못했다면 배당에 참여할 수 없다.

5. 매각물건명세서

매각물건명세서는 '부동산의 표시, 부동산의 점유자와 점유의 권원, 점유할 수 있는 기간, 차임 또는 보증금에 관한 관계인의 진술, 등기된 부동산에 관한 권리 또는 매각으로 소멸되지 않는 것' 등을 기재한 문서다.

6. 입찰기일 공고

배당요구 절차까지 모두 마무리되면 입찰기일이 지정된다.

7. 최고가매수신고인

입찰기일에 입찰자 중 가장 높은 가격을 적은 사람을 최고가매수신고인(낙찰자)이라 부른다.

8. 매각허가결정

법원은 이의가 없다면 매각허가결정을 한다. 이때 최고가매수신고인은 이해관계인(매수인)으로 지위가 격상된다.

9. 매각허가결정 확정

매각허가결정일로부터 7일이 지나면 법원은 확정판결을 내린다.

10. 잔금 납부

잔금일은 보통 낙찰일로부터 40~50일 사이에 잡힌다.

11. 명도

낙찰받은 부동산의 점유자를 이사 보내는 것으로, 상황별로 변수가 많아 주의해야 한다.

부동산 투자 ②
아파트 투자 전략

    좋은 아파트를 찾기 위해서는 우선 '부동산 투자를 하는 이유'부터 생각해봐야 한다.

✦✦✦

월세 수입 vs.
시세 차익

    부동산의 경우 아주 큰 목돈이 장기간 들어가고, 취득세와 양도소득세 등 세금도 복잡하고 많다. 따라서 투자의 목적이 명확하지 않으면 이리저리 휘둘릴 수 있다. 예를 들어 수익형 부동산에 투자하고 싶다면 초역세권의 오피스텔이나 상가 투자가 적합하고, 시세 차익을 보고 싶다면 다세대주택보다는 아파트가 낫다. 왜냐하면 오피스텔은 시세가 잘 오르지 않지만 매월 안정적으로 월세를 받기 유리하고, 아파트는 시세 차이가 가장 많이 발생하는 상품이기 때문이다. 투자의 목적이 안정적인 월세 수입인지, 시세 차익인지 결정한 다음 이를 바탕으로 부동산 투자 전략을 세워야 한다. 소득이 점점 줄어드는 노년기라면 매달 현금흐름을 확보하기 수월한 수익형 부동산에 투자하는 것이 좋고, 활발한 노동을 할 수 있는 30~50대라면 시세 차익을 볼 수 있는 부동산에 투자하는 것이 좋다.

입지 가치가
가격을 결정한다

부동산의 가치는 결국 입지에 달려 있다. 입지 가치가 좋은 아파트란 주변 환경이 쾌적하고, 교통, 학군 등이 잘 갖춰진 아파트를 말한다. 언덕이 없어 거동이 편리하고, 세대 대비 주차 대수가 넉넉하고, 지하철이 최소 5분 거리에 있고, 학교가 주변에 있는 아파트를 떠올리면 이해가 쉽다. 즉 입지 가치가 좋은 아파트는 누구나 살기 원하고, 수요가 많기 때문에 오를 가능성이 높다.

그럼 입지 가치가 좋은 아파트는 언제 매수해야 할까? 그 지역의 공급량이 감소하기 전에 매수하는 것이 좋다. 수요는 많은데 공급이 감소하면 시장의 원리에 따라 가격이 상승할 수밖에 없다. 특히 부동산은 단기간에 공급이 어렵기 때문에 공급 여부를 중점적으로 봐야 한다. 특정 지역의 아파트 공급 현황은 부동산지인(www.aptgin.com) 등 부동산 정보 사이트에서 확인할 수 있다.

공급 여부와 상관없이 수요 증가를 파악할 수 있는 지표는 전세가율이다. 수요가 증가하면 전세가율이 상승하는 전초 현상이 발생한다. 이후 전세가를 따라 아파트 가격이 상승하는 경우가 많다. 전세가율이 높아지면 높아질수록 소요되는 투자금도 줄어들기 때문에 전세가율 역시 중요한 지표다.

해당 지역의 대장아파트 가격도 반드시 눈여겨봐야 한다. 보통 대장아파트의 가격이 상승하면 주변 아파트의 가격이 차례대로 상승하곤 한다. 그래서 대장아파트의 가격도 꼼꼼히 확인해야 한다. 반대로 랜드마크인 대장아파트의 가격이 떨어지는 시기, 즉 부동산 시장이 불황기일 때는 로얄층과 비로얄층의 가격 격차가 좁혀지고 급매물이 많이 나온다. 이러한 시기에는 급매물 로얄층 매입을 노리는 것이 좋다.

✦✦✦

오르는 아파트는
따로 있다

그럼 오르는 아파트는 과연 어떤 아파트일까? 사람들의 생각은 다 비슷하다. 내가 좋다고 생각하는 아파트는 남이 봐도 좋을 것이다. 그러니 아주 기본적인 것만 기억하면 된다.

1. 역세권

다시 한번 강조하지만 부동산에 있어서 입지는 매우 중요하다. 입지를 가장 객관적으로 볼 수 있는 방법은 주변에 지하철역이 있는지 확인하는 것이다. 도보로 지방의 경우 7분, 서울의 경우 5분 내에 지하철역이 있다면 '역세권'이라고 부른다. 물론 역세권이라고 해서 다 좋은 역세권은 아니다. 호선에 따라 호불호가 나뉘기 때문에 '어떤 역'과 가까운지도 중요하다.

소위 '더블역세권' '트리플역세권'이라면 그 역을 이용하는 유동인구가 많다는 뜻이다. 그러나 꼭 더블역세권, 트리플역세권이라고 해서 집값이 많이 오르는 것은 아니다. 역 주변에 거주하는 사람이 적고 단순히 환승이 잦아서 유동인구가 많은 것은 아닌지 잘 따져봐야 한다. 또한 유동인구가 많다면 유흥시설과 술집 등이 많은지도 꼭 확인해야 한다. 이러한 상업시설은 집값에 안 좋은 영향을 미칠 수 있다. 이러한 부분은 임장을 통해 파악하기 바란다.

2. 연식과 층

아파트의 연식은 매우 중요하다. 누구나 새것을 좋아하고 헌것을 싫어하기 마련이다. 아파트도 준공 5년 이내의 새 아파트가 가장 인기가 많지만 현실적으로 새 아파트는 일반 매매로 입주하기가 쉽지 않다. 20년 이상 된 헌 아파트는 재개발이 될 만한 매물이 아니라면 거르는 것이 낫다. 나이가 들면 자연스럽게 병이 들듯이 노후화된 아파트도 마찬가지다. 손볼 곳도 많을 것이고, 집값 면에서도 주변의 새 아파트를 따라가지 못할 것이다(물론 재개발이 된다면 다른 문제다). 그래서 준공 15년 이내의 아파트를 권장한다.

층도 매우 중요한데, 요즘은 1층도 1층 나름이라고 하지만 여전히 1층은 좋지 않다고 생각한다. 1층은 아무래도 시끄럽고, 도난의 문제도 있으며, 엘리베이터를 이용하지 않음에도 엘리

베이터 비용을 내야 하는 약간의 억울함도 있다. 그래서 1~2층은 보통 다른 층에 비해 2천만~3천만 원가량 낮게 거래된다. 또한 아파트 꼭대기 층인 탑층도 결로, 누수 문제가 생길 수 있어 다른 층에 비해 낮은 가격으로 거래된다.

소위 'RR'이라고 불리는 로얄동, 로얄층은 다른 동과 층에 비해 좀 더 비싼 가격으로 거래된다. 보통 로얄동은 다른 동에 비해 아파트 커뮤니티 시설, 학교, 지하철역과 가깝고, 빛과 조망이 좋은 남향이다. 남향이 아니라면 최소한 동향까지는 괜찮다고 본다. 하지만 북향의 경우 정말 빛이 안 들어와 되도록 피하는 것이 좋다.

3. 세대, 커뮤니티 시설, 환경

아파트 세대수도 무시할 수 없다. 일단 세대수가 많으면 아파트 주변에 양질의 편의시설이 생기게 되고, 주민만을 위한 도서관, 피트니스센터 등의 커뮤니티 시설이 들어오게 된다. 내가 살기 좋은 아파트는 다른 사람도 살기 좋은 아파트이기 때문에 가격이 오를 가능성이 크다. 무엇보다 세대수가 많으면 아파트 관리비도 적게 나와 여러모로 이점이 많다. 보통 대단지 아파트란 1천 세대 이상을 말하며, 4천 세대 이상의 아파트는 초대단지 아파트에 해당한다.

개인적으로 필자가 주목하는 시설은 스타벅스와 같은 대형 카페 브랜드다. 상업 지역이 아님에도 근처에 스타벅스가 있다는 것은 소비가 활발히 이뤄지고 있다는 뜻이다. 즉 주거 지역에 대형 프랜차이즈 카페가 많다는 것은 돈과 시간을 쓸 여력이 되는 사람이 많이 산다는 뜻이다.

4. 개발 호재

1~3번은 정말 기본적인 사항이고, 사실 직접적으로 아파트 가격을 대폭 상승시키는 요인은 개발 호재 여부다. 개발 호재는 실제로 실현되든, 안 되든 집값에 큰 영향을 미친다. 애초에 이런 개발 호재가 있다는 것 자체가 입지가 뛰어난 지역이라는 것을 증명하기 때문이다. 대표적인 개발 호재 재료로는 GTX, 복합환승센터, 재개발·재건축, 리모델링 등이 있다.

재개발을 통해 노후화한 지역을 깨끗하게 정비하고 주택 공급이 늘어나면 아파트 가격은 큰 폭으로 상승하게 된다. 재개발이 안 되는 지역은 아파트나 지역이 자체적으로 재건축을 추진하기도 하는데, 재건축 역시 집값을 크게 끌어올리는 요인이다. 실제로 재개발·재건축이 이뤄지지 않더라도 추진된다는 이슈만 터지면 해당 아파트 가격은 요동치게 된다. 재개발·재건축은 단기간에 이뤄지지 않기 때문에 호재가 떠오르면 상황을 보고 높은 가격에 판 다음 상급지, 신축으로 갈아타는 것도 한 방법이다.

마지막으로 리모델링도 개발 호재에 해당된다. 수도권의 경우 용적률의 제한으로 재건축이 안 되는 아파트가 참 많다. 이 경우 아파트 골격은 그대로 두고 다시 짓는 리모델링 사업을 추진해야 하는데, 리모델링도 집값을 끌어올리는 개발 호재로 볼 수 있다. 하지만 기본 골격을 그대로 유지해야 하기 때문에 아파트 구조가 이상하게 변하는 경우도 많다.

오피스텔은
감가상각이 관건

오피스텔은 비교적 소액으로 꾸준히 현금흐름을 만들 수 있다는 장점이 있지만, 단점도 많기 때문에 잘 따져보고 신중하게 접근해야 한다. 가장 큰 단점은 감가상각이 심하다는 것이다. 감가상각이란 시간이 흐를수록 건물이 노후화해 그 가치가 하락하는 것으로, 아파트의 경우 입지 가치가 좋으면 건설 연도, 외형 등의 상품 가치가 하락하더라도 큰 문제가 발생하지 않으나 오피스텔은 그렇지 않다. 오피스텔은 상품 가치가 아무리 좋

오피스텔 점수표

점수	세대수	역 위치	회사 위치	편의시설	수익률	노후도	구조
5점	500세대 이상	2분 이내	100m 이내	5개 이상	7% 이상	분양권	투룸
4점	300세대 이상	5분 이내	150m 이내	4개 이하	6% 이하	3년 이하	1.5룸
3점	100세대 이상	7분 이내	300m 이내	3개 이하	5% 이하	5년 이하	작은 1.5룸
2점	50세대 이상	10분 이내	500m 이내	2개 이하	4% 이하	10년 이하	원룸
1점	50세대 미만	10분 이상	500m 이상	1개 이하	3% 이하	10년 이상	5평 미만

아도 감가상각을 막을 수 없다.

물론 입지 가치가 월등히 좋으면 감가상각이 일어나도 가격이 떨어지지 않고 유지되거나, 약간 상승하는 경우도 있기는 있다. 하지만 아파트처럼 많은 시세 차익을 기대할 수는 없다. 특히 오피스텔은 취득세 역시 5% 정도로 매우 높고, 매년 월세에 대한 세금을 납부해야 하는 단점도 있다. 따라서 오피스텔 투자는 감가상각의 영향을 덜 받는 초역세권이면서 월세 수요가 높은 직장이 위치한 곳에 투자하는 것이 기본이다.

그렇다면 오피스텔의 단점을 최소화할 수 있는 조건은 무엇일까? 오피스텔 점수표는 필자가 직접 임장을 다니며 얻은 노하우를 바탕으로 만든 체크리스트다. 최소 3점 이상이 좋고, 가장 안전한 오피스텔은 4~5점에 해당하는 물건이다. 오피스텔은 놀이터와 노인정 등 편의시설이 없어 가족 단위로 살기에는 적합하지 않고, 주차대수도 부족하다. 그러므로 대중교통을 이용하는 1~2인 가구가 많은 지역, 월세 수요가 풍부한 지역의 초역세권 오피스텔이 가장 좋다. 또한 원룸보다는 1.5룸 이상의 오피스텔이 좋으며, 수익률이 아무리 좋아도 공실이 발생하면 마이너스가 될 수 있으므로 월세 수요를 잘 판단해야 한다.

잘 갈아타는 감각이 중요

각종 부동산 규제와 대출 규제 속에서 돌파구를 찾기 위해서는 '갈아타기' 전략을 잘 활용해야 한다. 갈아타기 전략이란 A라는 아파트를 거주하면서 더 똘똘한 B라는 아파트를 추가 매입한 다음, A아파트를 팔고 B아파트로 이주하는 것이다. 이후 다시 더 똘똘한 아파트 C를 찾게 되면 B아파트를 팔고 C아파트로 이주하는 식으로 갈아타기를 반복한다.

갈아타기는 상대적으로 자본금이 덜 들고, 비과세 혜택이 적용된다는 장점이 있다. 우리나라는 거주·이전의 자유가 있기 때문에 갈아타기 과정에서 어쩔 수 없이 다주택자가 되면 '일시적 1가구 2주택'으로 간주되어 비과세 혜택을 받을 수 있다. 이 경우 다주택자에게 적용되는 양도 차익에 대한 소득세도 면제된다. 일시적 1가구 2주택 비과세 조건은 다음과 같다.

1. 기존주택을 취득한 지 1년이 지난 시점에서 신규주택을 취득해야 한다.
2. 기존주택을 2년 이상 보유해야 한다(기존주택이 조정대상지역이라면 2년 이상 거주해야 한다).
3. 신규주택은 구입 시기를 기준으로 1~3년 이내에 기존주택을 처분해야 하고, 신규주택에는 1년 이내 전입해야 한다.
4. 기존주택은 9억 원 이하여야 한다.

여기까지가 기본적인 일시적 1가구 2주택 비과세 조건이다. 그러나 최근 부동산 대책이 쏟아져 나오면서 지역에 따라 비과세 요건이 상이한 경우도 있다. 규제 지역, 비규제 지역 여부에 따라 조건이 다르게 적용될 수 있으니 꼼꼼히 확인하기 바란다.

예를 들어 아파트 A를 2억 원에 매입하고 2년 이상 보유했

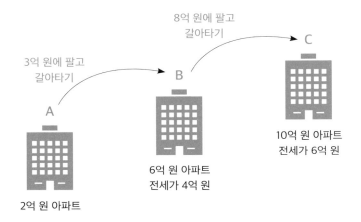

갈아타기 예시

3억 원에 팔고
갈아타기

8억 원에 팔고
갈아타기

A

B

C

2억 원 아파트

6억 원 아파트
전세가 4억 원

10억 원 아파트
전세가 6억 원

다고 가정해보자. 2년 동안 A는 2억 원에서 3억 원이 되었고, 이제 좀 더 똘똘한 준대장주 아파트 B로 갈아탈 계획이다. 만일 B를 매입한다면 매입한 시점으로부터 1~3년 이내에 기존주택 A를 처분하고 1년 이내에 B로 전입해야 비과세 대상이 된다. 즉 일시적 1가구 2주택 조건을 충족한 상태에서 B로 갈아타야 A의 양도 차익 1억 원에 대한 세금이 비과세되는 것이다. 이후 마찬가지로 6억 원에 매입한 B에서 2년 이상 거주하다가 대장 아파트 C를 매입한 다음, 1~3년 이내에 기존주택 B를 팔고 1년 이내에 C로 전입한다. 그 사이 B가 6억 원에서 8억 원으로 올랐다면 양도 차익 2억 원이 비과세 혜택을 받게 된다.

갈아타기 전략과 더불어 전세 레버리지까지 활용한다면 더할 나위 없이 좋다. 하지만 전세는 2년이라는 보장 기간이 있어 집주인이 1년 안에 신규주택에 이주해야 한다는 비과세 조건을 성립하기 빠듯할 수 있다. 만일 기간이 잘 맞아떨어지는 전세 낀 매물을 산다면 최소 투자금으로 갈아타기 전략을 실행할 수 있다. 예를 들어 A를 팔고 B를 6억 원에 매입할 때, 전세가가 4억 원이라면 실투자금 2억 원으로 B를 보유할 수 있는 것이다. 이와 마찬가지로 C를 10억 원에 매입할 때 6억 원의 전세금이 끼어 있다면 4억 원으로 10억 원의 집을 보유할 수 있다.

이처럼 갈아타기 전략은 잘만 활용하면 비과세 혜택도 받고, 전세 레버리지로 소요되는 자본금까지 줄일 수 있다는 장점이 있다. 그리고 점점 더 좋은 아파트로 이주하기 때문에 A보다는 B가, B보다는 C가 상승률이 높아 많은 양도 차익까지 노릴 수 있다. 그럼 상급지로 갈아타는 시기는 언제가 좋을까? 바로 상급지에 공급이 몰려 상급지와 하급지의 가격이 일시적으로 좁혀질 때가 적기다.

일단 내 집 마련에 성공하게 되면 대부분 선택의 기로에 서게 된다. 똘똘한 한 채로 갈아탈 것인가? 아니면 다주택자가 될 것인가? 정해진 정답은 없다. 자신이 감당할 수 있는 선에서 투자를 해나가면 된다.

실전 사례 ①
사회초년생, 신혼부부

이번에는 필자가 코칭과 강의를 통해 접한 도움이 될 만한 사례 몇 가지를 소개하고자 한다.

✦✧✦

계약직 25세
사회초년생

약 3년 전, 25세 사회초년생 여성이 절약과 자산 증식 노하우가 궁금하다며 코칭을 간곡히 요청했다. 우선 지출내역과 자산내역을 상세히 알려달라고 답변했는데, 그녀는 따로 가계부를 작성하고 있지 않아서 자신의 정확한 지출내역을 모르는 상태였다. 그래서 다시 카드 내역서 3개월 치를 뽑아 항목별로 정리해서 알려달라고 요청했다.

일주일 후, 그녀는 자신의 지출 항목을 메일로 보내며 "이런 경험이 처음이라 너무 어렵고 민망하네요."라고 말했다. 그녀의 지출내역을 분석해보니 월급은 180만 원이었으며, 매달 월세 50만 원, 관리비 10만 원, 식비 30만 원, 통신비 10만 원, 데이트비 50만 원, 의복비 20만 원을 지출하고 있었다. 즉 총지출은 무려 170만 원에 달했다.

월급 180만 원에서 지출 170만 원을 빼고 남은 돈 10만 원조차 알게 모르게 새는 경우가 많았다. 재무관리 개념이 없는 대부분의 사회초년생이 이런 상황일 것이라고 생각한다. 일단 그녀에게 고정지출과 변동지출의 개념을 알려준 다음, 고정비인 월세와 관리비 60만 원은 어쩔 수 없는 돈이니 나머지 지출을 줄여보자고 권했다.

일단 식비 30만 원은 외식을 줄이고, 배달음식을 끊게 했다. 회사에서도 점심 때는 되도록 도시락을 먹으라고 권했다. 식비는 30만 원에서 10만 원으로 비교적 쉽게 줄일 수 있었다. 통신비는 데이터 사용량을 확인하고 통신사를 변경해 10만 원 요

계약직 여성의 상담 전후 지출내역 변화	
상담 전 지출내역	**상담 후 지출내역**
월급 180만 원 -월세 50만 원 -관리비 10만 원 -식비 30만 원 -통신비 10만 원 -데이트비 50만 원 -의복비 20만 원	월급 180만 원 -월세 50만 원 -관리비 10만 원 -식비 10만 원 -통신비 4만 원 -데이트비 30만 원 -의복비 5만 원
여윳돈 10만 원	여윳돈 71만 원

금제를 4만 원으로 줄였고, 데이트비는 남자친구와 데이트통장을 만들고 각자 월 30만 원씩을 넣는 식으로 강제로 지출을 통제했다. 만약 데이트통장에 잔고가 없으면 다음 달 예산을 가져오는 등 유동적으로 운영하되 최대한 예산을 맞추게 했다. 의류비는 앱테크와 각종 이벤트 등을 통해 포인트를 적립하게 했고 5만 원으로 대폭 감소시켰다.

변동지출을 관리한 결과, 한 달에 10만 원에 불과했던 여윳돈은 무려 70만 원까지 상승했다. 이 금액은 모두 저축을 권했다. 10만 원은 청약에 가입했고, 20만 원은 1년짜리 단기 적금을, 10만 원은 3년짜리 중단기 적금을 가입했다. 그리고 20만 원은 주식에 투자해 적금처럼 넣게 했고, 남은 돈은 모두 비상금으로 CMA에 보관하게 했다. 3년이 흐른 지금, 그녀는 현재 종잣돈 7천만 원이라는 거금을 마련했다.

✦✦✦

신혼부부
김 과장

결혼은 마음만 합쳐지는 것이 아니라 주머니도 함께 합쳐지는 것이다. 서로 다른 환경에서 자라서 다른 가치관을 가진 남녀가 통장을 합치기란 여간 어려운 일이 아니다. 하지만 신혼 3년은 정말 중요한 시기다. 이때 세운 돈 계획과 3년간 모은 종잣돈이 남은 인생 전체를 좌우한다고 해도 과언이 아니다. 필자는 신혼 시기를 '재테크의 황금기'라고 생각한다.

필자의 강의에 두 손을 꼭 잡고 참석한 김 과장 부부는 갓 결혼한 신혼이었음에도 아직 통장은 합치지 않은 상태였다. "왜 통장을 합치지 않았나요?"라고 물었더니 "각자 관리하는 게 편해서 그렇습니다."라는 답변이 돌아왔다. 그래서 다시 "돈도 모으고, 내 집 마련도 하고 싶으신가요?" 하고 물었더니 이구동성으로 "그렇다."라고 했다. 그래서 당장 통장부터 합치라고 했다. '통장 결혼식'은 서로 경제적인 상황을 얽매이게 하는 것이 아니라 앞으로 한 걸음 더 나아가기 위한 발판이라고 조언했고, 통장을 합치기 전까지는 코칭도 할 수 없다고 이야기했다. 잠시 고민하던 김 과장 부부는 아무 말 없이 강연장을 빠져나갔다.

김 과장 부부의 고민은 생각보다 정말 오래 걸렸다. 무려 7~8개월 뒤에 그들의 존재를 까맣게 잊고 있을 때쯤 연락이 왔다. "그동안 나름대로 둘이 각자 재테크를 하긴 했는데 돈이 도통 모이지를 않네요. 통장을 합치겠습니다. 도와주세요." 그래서 흔쾌히 코칭을 시작했다. 우선 재무상태와 투자 현황, 가계부를 두 분이 함께 정리해서 달라고 요청했다. 아마 그 과정에서 두 사람은 많이 실망하고, 좌절하고, 또 어쩌면 싸웠을지도 모른다. 하지만 신혼부부가 함께 힘을 모아 돈을 모으기 위해선 꼭 필요한 과정이었다.

자료를 받고 살펴보니 상황이 썩 좋지 않았다. 맞벌이 가정인데도 1년 동안 모은 돈은 보증금 1천만 원과 통장 잔고 500만 원이 전부였다. 심지어 매달 월세 80만 원, 관리비 15만 원이 고정지출로 빠져나가는 상황이었다. 전셋집을 구하라고 권했지만 수중에 돈이 없고, 신용등급이 낮아 월세를 살아야 한다는 답변이 돌아왔다. 우리나라는 전세자금대출 제도가 정말 잘 정비되어 있다. 당장 내 집 마련이 어렵다면 전세자금대출을 활용해 고정비를 최대한 줄이고 바짝 돈을 모으는 것이 좋다.

2021년 6월 기준으로 중소기업에 다니는 신혼부부가 활용 가능한 전세자금대출은 다음과 같다.

1. 버팀목 전세자금대출

최대 1억 2천만 원까지 저금리(1.8%)로 대출해주는 제도다. 기간은 2년 단위로 총 10년까지 이용 가능하다. 부부 합산 연소득 5천만 원 이하, 신혼부부나 다자녀 가구의 경우 합산 연소득 6천만 원까지 대출이 가능하다.

2. 중소기업취업청년 전월세보증금대출

만 19세 이상~34세 이하 청년을 대상으로 최대 1억 원까지 저금리(1.2%)로 대출해주는 제도다. 기간은 2년 단위로 총 10년까지 이용 가능하다. 대출 조건은 부부 합산 연소득 5천만 원 이하, 외벌이 3천 500만 원 이하여야 한다.

3. 신혼부부 전세자금대출

보증금에 80% 내에서 최대 2억 원까지 저금리(1.2~2.1%)로 대출해주는 제도다. 기간은 2년 단위로 총 10년까지 이용 가능하다. 대출 조건은 부부 합산 연소득 6천만 원 이하, 순자산가액 2.92억 원 이하다.

이 밖에도 찾아보면 유용한 전세자금대출이 많다. 전세금은 보통 1억 원 내외까지만 지원해주기 때문에 원하는 전셋집을 고르기는 어렵겠지만, 아직 아이가 없는 신혼부부라면 작고 허름하더라도 충분히 살 만하다고 생각한다. 2년만 정말 독하게 돈을 모으면 충분히 더 좋은 집으로 이사 갈 수 있다.

김 과장 부부는 맞벌이였지만 아내 분 연봉이 1,800만 원에 불과해 부부 합산 연소득이 5천만 원을 넘지 않았다. 그래서 필자의 조언대로 수중에 가진 돈 1천만 원과 전세자금대출을 합쳐 1억 1천만 원짜리 15평 전셋집을 구했고, 그러자 한 달 이자와 관리비는 20만 원 정도로 줄어들었다. 즉 매달 월세와 관리비로 쓰던 고정지출 95만 원이 무려 70만 원이나 절감된 것이다.

그다음엔 지출구멍을 찾아 새는 돈부터 막았다. 부부 합산 월 380만 원 정도의 소득에서 정말 허리띠를 꽉 졸라매면 230만 원 정도는 저축이 가능하다는 결론이 나왔다. 여기에 각종 상여금과 부수입도 모두 저축하는 방향으로 가닥을 잡았다. 저축의 경우 김 과장 부부의 최우선 과제는 '내 집 마련'이었기 때문에 장기간 가입해야 하는 금융상품은 피했다. 단기 금융상품과 주택청약통장에 집중하되 나머지 저축금액은 주식 투자를 공부해보는 방향으로 유도했다.

2년이 지난 지금, 김 과장 부부는 신혼부부 특별공급에 당첨되어 입주를 기다리고 있다. 열심히 저축한 돈으로 계약금까지 잘 납부한 상태이며, 지금도 여전히 열심히 저축하며 자녀 계획을 세우고 있다.

　　　　　　　　　　　　2030 파이어족을 위한 밍키언니의 돈 계획

실전 사례 ②
외벌이, 워킹맘, 욜로족

이번에는 필자가 운영하고 있는 돈돈모(돈 걱정 돈 워리 모임)
회원의 사례를 살펴보겠다.

✦✦✦

아이를 키우는
외벌이 부부

이 가정은 외벌이였지만 소득이 꽤 있는 집이었다. 그리고
부부가 각자 10만 원의 용돈을 갖고 한 달을 생활할 정도로 이

미 너무 알뜰했다. 딱히 지출구멍도 없었고, 식비도 딱 3인 가족 평균만큼 사용했다. 그럼에도 그들은 지출을 줄여서 돈을 더 모으고 싶은데 어디를 손봐야 할지 전혀 모르겠며 고민을 토로했다. 일단은 고정지출에서는 더 이상 줄일 수 있는 것이 하나도 없다고 말씀드렸다. 결국 변동지출에서 줄여야 하는데, 정말 줄이고 싶다면 식비 외에는 손댈 곳이 없다고 말씀드렸다.

다행히 전업주부인 아내 분께서 앱테크에 관심이 있어 식비를 크게 줄일 수 있었고, 냉장고 재료지도를 통해 식재료도 살뜰히 관리했다. 그 결과 저축률을 무려 10% 이상 끌어올릴 수 있었다. 그들은 "이렇게 잘 챙겨먹으면서 식비를 아낄 수 있다니 신기해요!"를 연발했다. 이 부부는 현재까지도 필자와 함께 절약 생활을 이어나가고 있으며, 현재는 공모주 투자와 소액 P2P 투자를 병행하며 투자 수입을 늘려가고 있는 중이다.

아이를 키우는
맞벌이 워킹맘

아이를 키우는 집은 대부분 절약만으로는 종잣돈을 모으기가 버겁다. 양육 과정에서 워낙 고정적으로 나가는 돈이 많기 때문이다. 모임에 찾아온 한 워킹맘은 맞벌이임에도 절약을 하는 데 어려움을 느끼고 있었다. 그녀는 식비와 양육비 외에는 큰 지출구멍이 없었는데, 맞벌이임에도 다소 소득이 낮아 예산 책정에 어려움이 있었다. 그래서 우선 고정지출부터 손봤다. 똑같은 고정지출도 관련 제휴 신용카드나 약정을 통해 할인율을 높였고, 대출 이자를 관리하기 위해 상환플랜을 함께 짰다. 식비도 식단을 짜고 냉장고 재료지도를 만드는 등 절약하는 습관을 형성하게 했다. 양육비를 줄일 수는 없었기 때문에 최대한 식비 관리에 힘썼다.

그랬더니 3개월 후 놀라운 변화가 일어났다. 절약만으로는 한계가 있음을 직감한 그녀는 틈틈이 짬을 내 각종 앱테크로 매달 30만~50만 원 이상을 창출했고, 고정지출을 관리해 33%였던 저축률을 75%까지 상승시킨 것이다. 또한 그동안은 원금 보존을 추구하며 예적금만을 고수했는데, 이제는 주식과 펀드에 적절히 자산을 배분하도록 포트폴리오를 구성했다. 그녀는 2년 뒤 원금과 수익을 합쳐 약 7,500만 원의 목돈을 손에 쥐게 되었고, 지방의 작은 사무형 오피스텔을 매입해 현재는 안정적으로 매달 약 60만 원의 월세를 받고 있다. 이처럼 돈 계획만 잘 세우면 일과 육아를 병행하는 워킹맘도 충분히 목돈을 모으고 굴릴 수 있다.

소득은 높지만
욜로였던 3인 가족

　필자가 운영하는 돈돈모에는 정말 다양한 사람들이 온다. 그 중 제일 힘들면서도 드라마틱한 변화를 이끌어낸 사람이 바로 소득은 높지만 욜로였던 3인 가족이었다. 소득이 높다는 것은 지출을 줄이면 금방 많은 저축액을 만들 수 있다는 뜻이다. 확실히 소득이 낮은 가정보다는 유리한 입장이다. 하지만 돈 쓰는 맛을 알아버린 사람은 여간해서는 지출을 통제하기 어렵다. 돈돈모에 찾아온 부부는 월 800만 원 이상을 벌어 소득은 높았지만 지출은 그 이상 나가는 일명 욜로족이었다.

　스스로는 먹고 싶은 것, 사고 싶은 것을 다 사는 사람이 아니라고 말했다. 분명 3번 이상 고민하고 알뜰하게 장을 보는데 늘 저축이 잘 안 된다는 것이다. 이들 부부의 가계부를 보니 왜 돈이 모이지 않는지 바로 파악할 수 있었다. 입이 다물어지지 않았다. 3인 가족의 식비가 외식비와 간식비를 합쳐 매달 200만 원씩 나갔기 때문이다. 돈을 쓰는 것은 참 즐겁다. 이 세상에 돈 쓰는 재미를 모르는 사람은 없을 것이다. 하지만 아무리 그래도 3인 가족 식비로 200만 원은 너무했다는 생각이 들었다. 그러나 2살 아이가 있는 집이기에 다른 집처럼 식비를 확 줄이라고 조언할 수는 없었다. 그래서 냉장고에 재료는 가득인데 매번 장을 보러 간다는 이야기를 듣고 식단 짜는 연습부터 시켰다.

그리고 두 부부가 사용하는 용돈은 각각 40만 원이었는데, 매번 남는 용돈으로 함께 PC방에 간다는 말을 듣고 차라리 PC방비를 데이트비에서 따로 할애하라고 조언했다. 그리고 남는 용돈은 저축을 하도록 유도했다. 이렇게 PC방과 같이 어느 한 지출 항목을 데이트비로 특정 지은 이유는 무엇일까? '용돈이 남아서' 쓰는 게 아니라 예산을 정해놓고 한정된 금액 내에서 써야 과소비를 방지할 수 있기 때문이다. 그리고 블로그를 취미로 운영하고 있어 미용에 쓰는 돈은 블로그 체험단을 통해 줄여보라고 조언했다. 블로그 체험단의 조건은 그렇게 크게 어렵지 않다. 보통 하루 방문자 수가 100명만 되어도 선정되는 경우가 많기 때문에 조금만 부지런하면 소소하게 지출을 줄일 수 있다.

그렇게 식단을 짜고, 외식을 줄이고, PC방비 등의 지출 항목을 가계부에서 재정리하고, 블로그 체험단으로 사소한 지출을 줄이자 놀라운 변화가 일어났다. 정말 사소한 절약이 모이고 모여 저축률이 30% 가까이 상승한 것이다. 무엇보다 그들은 절약이 이렇게 재미있는 건지 몰랐다며 즐겁게 절약 생활을 이어나갔다.

반드시 확인해야 하는
등기사항전부증명서

등기사항전부증명서는 부동산 소유자와 매도인 또는 임대인이 일치하는지, 압류나 근저당권이 설정되어 있는지 등을 확인하기 위해 꼭 꼼꼼히 살펴봐야 하는 서류다. 부동산 중개업소나 대법원 인터넷등기소(www.iros.go.kr)에서 확인이 가능하다. 등기사항전부증명서의 구성은 다음과 같다.

- 표제부: 부동산의 지번, 지목, 면적, 구조, 용도, 지분 등
- 갑구(소유권에 대한 내용): 압류, 가압류, 가처분등기, 가등기 등
- 을구(소유권 이외에 대한 내용): 근저당권, 전세권, 임차권 등

등기사항전부증명서를 받으면 우선 표제부를 확인한다. 만일 방의 개수나 옥탑방 여부 등이 표제부 기재사항과 다르면 불법건축물이란 뜻이다. 갑구에서는 소유권, 가압류, 압류, 경매개시결정, 가처분등기, 가등기 등을 꼼꼼히 확인한다. 을구에서는 담보 내역을 확인하고, 경매로 넘어갈 가능성을 타진한다.

등기사항전부증명서는 특히 임대차 시 꼼꼼히 확인해야 한다. 예를 들어 소유자가 4억 원의 담보대출을 받아서 채권최고액이 5억 원으로 기록되어 있다고 가정해보자. 해당 집의 시세가 8억 원일 경우 5억 원 전세로 매물이 나오면 안전한 물건일까? 아니다. 만일 소유자가 원리금을 갚지 못해 경매에 넘어가 집이 8억 원으로 낙찰되면, 은행에 먼저 5억 원이 배당되고 3억 원이 남게 된다. 즉 5억 원에 전세로 들어간 사람은 2억 원을 손해 보게 되는 것이다.

당신이 돈 고민에서
벗어나길 바라며

　돈을 투자에 쓰지 않고 영원히 모으기만 할 수는 없다. 다각도로 굴리는 소액 투자를 저축과 함께 병행해야 경제적 자유를 이루게 될 것이다. 전문가들은 흔히 돈이 돈을 번다고, 종잣돈만 모으면 스노우볼 효과로 보다 빠르게 부자가 될 수 있다고 이야기하곤 한다. 처음에는 필자도 이 말을 100% 믿지 못했다. 무슨 일이든 직접 경험해보지 않으면 100% 믿는 성격이 아니었기 때문이다. 그래서 늘 모으는 것보다 불리는 것이 더 어렵다고 생각했다.

　사회초년생 시절, 조기 은퇴를 목표로 월급의 80% 이상을 저축했고 1억 원을 모으기까지 약 4년 반이 걸렸다. 여기서 다시 1억 원을 모으는 데 2년 반이 걸렸고, 이 종잣돈 2억 원을 바탕으로 본격적으로 투자를 시작해 3년 만에 10억 원을 만들었다. 이후 10억 원이 20억 원이 되기까지는 채 2년이 걸리지 않았다. 물론 지금은 내실을 다지느라 자산 정체기를 1년째 겪고 있지만, 되돌아보면 자산이 눈덩이 굴러가듯 빨리빨리 불어난 것은 확실하다. 그래서 이제는 스노우볼 효과, 복리 효과의 힘을 믿는다.

　필자에게 누군가 1억 원을 모으는 비법에 대해 묻는다면 '절실함'이라고 답하고 싶다. 가난이 싫었고, 가난이 두려웠고, 가난이 창피했다. 가난으로부터 벗어나고 싶은 그 절실함이 1억 원을 만들고, 10억 원을 만들고, 더 나아가 100억 원을 만든다고 생각한다. 사람은 누구나 시간이 흐르면 마음먹은 결심과 다짐이 흐지부지되게 마련이다. 돈 모으기도 마찬가지다. 아무리 돈 계획을 철저히 짜도 내 안의 절실함이 흐려지면 작심삼일이 되고 만다. 그러니 절실함을 잃지 말고 꾸준히 정진하는 파이어족이 되기 바란다.

　소액이라도 투자를 하라고 재차 강조하는 이유는 필자 본인이 투자를 통해 큰돈을 벌었기 때문이다. 누군가에게는 하찮은 돈일 수 있지만 필자에게는 지금까지 모은 종잣돈 20억 원이 정말 큰돈이다. 만일 27세 어린 나이에 1억 원에 안주했다면, 나의 안정적인 투자 성향을 개선하지 않았다면 나는 목표를 이루지 못했을 것이다. 그러니 훗날 이 책을 바탕으로 성공적으로 종잣돈을 모으게 되면 과감히 투자의 세계로 뛰어들기 바란다.

언제까지고 평생 집과 회사만을 오가며 근로소득에만 의지해 살 수는 없다. 언젠가는 근로소득이 줄어들 것이고, 또 언젠가는 은퇴를 하게 될 것이다. 그때가 되어서 투자를 시작하면 늦어도 한참 늦은 것이다. 투자 과정에서 겪게 되는 시행착오는 빠르면 빠를수록 좋다. 일순간 발을 잘못 디뎌 돈을 잃게 되더라도 젊은 날엔 금방 다시 원금을 복구시킬 수 있다. 그러니 망설이지 말고 도전하기 바란다.

지금까지 거창하게 이야기했지만 돌이켜보면 큰 비법은 없었다. 나에게 맞는 방법을 찾아 지속적으로 나 대신 돈이 일하게 하는 것. 이것 하나만 명심하기 바란다.

가난으로부터 벗어나고 싶은 그 절실함이
1억 원을 만들고, 10억 원을 만들고,
더 나아가 100억 원을 만든다고 생각한다.

2030 파이어족을 위한 밍키언니의 돈 계획

초판 1쇄 발행 2021년 6월 20일
초판 2쇄 발행 2021년 6월 25일

지은이 | 밍키언니
펴낸곳 | 원앤원북스
펴낸이 | 오운영
경영총괄 | 박종명
편집 | 이광민 최윤정 이한나 김상화
디자인 | 윤지예
마케팅 | 송만석 문준영 이지은
등록번호 | 제2018-000146호(2018년 1월 23일)
주소 | 04091 서울시 마포구 토정로 222 한국출판콘텐츠센터 319호(신수동)
전화 | (02)719-7735   팩스 | (02)719-7736
이메일 | onobooks2018@naver.com   블로그 | blog.naver.com/onobooks2018
값 | 16,000원
ISBN 979-11-7043-223-4 03320